隨「義」旅行
閒散義大利

Cathy 文·攝影

目次 Contents

目次 Contents

不管任何事物，
有了故事相伴就會變得更迷人

剛開始認識巧欣，發現到她是個大多數時間都很 cheerful，少數時間有點 moody，但是顯然處事相當專注堅持的學生，她那時在系辦公室半工半讀。巧欣二專畢業於高雄餐旅大學，之後進入本校進修推廣部二技就讀。她第一次去歐洲和義大利的經驗，就是在前身為餐旅專校的餐旅大學知名例行畢業海外短期旅行。

印象中她第一次跟我說話，是要找我指導她寫畢業專題，看得出她對這個選擇的熱情，就這樣，她一半寫自己的故事、一半寫自己的興趣，一個有關台灣青年出國自助旅行的專題，在工作和課業緊湊壓縮的時間之內，寫出班上最好的作品。可見熱情是多麼重要的一件事。

學校課程結束後，在不知道系上要求的畢業證照張數是否足夠的內心陰影之下，仍然立即前往義大利進行為期一個多月的旅行，所幸在路上也得知多益的成績達到畢業水準。旅程間，在 FB 上不斷發布訊息分享，甚至被我建議她要更加專注於旅行的當下。

義大利旅程回來後，看到她在部落格上面書寫旅遊行程介紹，甚至提到希望能夠有出書的機會。這是自助旅遊背包客常見的心情，希望能夠有出版遊記的機會，跟大家分享他們的經歷，並且透過留下紀錄來回憶、認可自己的作為。

我推薦她這本書，因為不僅在旅遊，其實在許多方面，都可以見到她的 enthusiasm。法國作家 Marcel Proust 說：「真正的發現之旅，並非始於尋找新的地土，而在於擁有一雙新的眼睛。」我也覺得她在繁瑣的日常生活事物當中，仍然能夠擁有一雙驚奇與天真的眼睛。為了達成旅程，巧欣願意忍受日常艱辛的生存條件，非常堅定。對她來說，許多同年齡的人所追求的安穩生活，並不能跟對旅遊的憧憬和實踐相比。

巧欣的文字風格，文如其人，就是純樸真誠的南部小孩，透露著熱情與對理想的追求。誠懇篤實，同時對歐洲，尤其是義大利的藝術文化歷史有濃厚的興趣與頗深的涵養。巧欣曾經自述，自己好像是台灣人外表的歐洲人，可見她對歐洲的文化與各方面相當神往神入。她大概最喜歡義大利吧！去過多次，仍然樂此不疲。

相較於成書之後的文字，在她部落格中的文字反而比較活潑，書本的內容增加了嚴謹、文字的條理和論述的結構，但似乎也少了些女孩兒們的瘋狂。這本書以第一人稱的角度，不僅描寫旅遊中發生的客觀人、事、物景象，也敘述自己內在的感受和感動，以及旅程中與旅伴互相依賴扶持的過程，因此這不只是一本旅遊資訊書，也是一本遊記。在文中，巧欣說：「不管任何事物，有了故事相伴就會變得更迷人。」而她，正逐步地走出、寫出自己的故事。

國立高雄應用科技大學觀光管理系
助理教授

鼓起勇氣，一起旅行吧！

名字的祕密

與義大利的不解之緣，早在 2001 年專科畢業旅行時，就埋下了種子，那也是我第一次踏上離家那麼遠、又那麼陌生的歐洲。在這一趟開啟眼界之旅中，義大利是我想忘都忘不了的國家，因為我在那裡迷路了，迷路又語言不通的驚險過程，讓我記憶深刻。而畢旅結束，回國準備出海關時，海關拿著我的護照對我劈哩啪啦說了一大串聽不懂的話，我與她比手畫腳很久才搞懂，原來我名字中間那個字跟義大利打招呼的 Ciao 發音一模一樣，難怪海關拿著我的護照一直開心的對我說 Ciao！

第二次造訪義大利時，這次我卻把相機忘在青年旅館交誼廳內，當我發現時早已過了 2 個多小時，雖然心中並不抱希望會找回來，但仍然衝回旅館內碰運氣，當我用跑百米的速度衝進交誼廳時，發現相機還在桌上，並沒有不見，甚至根本沒人動過。在失而復得的當下，眼眶感動到泛淚，簡直要大喊：「Viva Italy!」

挑選旅伴

　　時過多年想繼續探索義大利的念頭並沒有消失，反而持續增長，我下定決心，要再度造訪這令人難忘的國度。2008 年，在我離開學校很長一段時間後，又重回校園，也讓我認識了此行的重要旅伴——藍小白，只有她，不覺得我的義大利之旅計畫是開玩笑，就學期間也曾問過很多同學，有人要當我的旅伴嗎？同學們不是笑說：「你瘋了嗎？」不然就是說：「沒錢啦！」只有藍小白從頭到尾的回答都沒改變過：「好！我當你的旅伴。」

　　決定旅伴之初，我們倆也都曾擔心，會不會一起旅行回來就再也當不成朋友了？因為三十天兩人每日都在一起，生活習慣會不會

不合？意見會分歧嗎？這都是我們無法預料的，但很幸運這件事情並沒有發生在我們的旅程上，此趟旅行更奠定了友情的深厚可貴。而此行的最後十天，還加入了另一位朋友——昭嫻，從瑞士飛至西西里島與我們會合，加入了我們旅程的最後十天，也使旅程更加熱鬧了。

熱情勝過一切辛苦

說定後，我便埋首於早上的工作與晚上的課業中，以及即將來臨的畢業專題。我也很驚訝自己當初是怎麼堅持下去的，在那麼多事情同時進行之下，仍然不覺辛苦，旅程計畫中包含了機票、火車票、訂房、路線圖。我知道在計畫旅程時，心情是快樂的，一股傻勁在推動著我，一股不想放棄、一定做得到的熱情鼓勵著我前進，最後終於交出了一張漂亮的成績單，順利完成學業，並且得到畢業專題優秀獎，當然還有最期待的、送給自己兩年努力的禮物——義大利自助之旅。

一起旅行吧

旅程三十天我們一起走過羅馬、米蘭、威尼斯，包含西西里島等二十個義大利城市，用我們自己的雙腳、雙眼，走過、看過屬於我們私人的旅程記憶，這是一本詳盡記錄了我們的旅程、我們的故事，還有我們的熱情的遊記。希望對還猶豫是否要創造屬於自己旅程的讀者有所幫助，讓我們鼓起勇氣，一起旅行吧！

Cathy

Milano
米蘭

Venezia
威尼斯

North

Lucca
盧卡

Firenze
翡冷翠

Pisa
比薩

San Gimignano
聖吉米那諾

Adriatic Sea

Siena
西耶那

Assisi
阿西西

Ligurian Sea

Roma
羅馬

Vaticano
梵蒂岡

South

Alberobello
阿爾貝羅貝羅

Naples
那不勒斯

Pompei
龐貝

Sorrento
蘇連多

Amalfi
亞瑪菲

Taranto
塔蘭托

Tyrrhenian Sea

Palermo
巴勒摩

Mediterranean Sea

Catania
卡塔尼亞

Ionian Sea

Agrigento
阿格麗真托

(F.R. AC.)

Milano

時 尚 的 另 一 面

米蘭

旅程的第一站，是位於義大利北部的時尚之都米蘭（Milano），剛下飛機都還沒感受到時尚感就發現外面下著大雨，搭乘機場巴士直奔中央車站，再轉搭地鐵到下榻的青年旅館，光是在地鐵內找尋正確的搭車路線就耗了一段時間。

米蘭地鐵站跟引領流行的米蘭完全相反，空氣中飄著異味，以及昏黃的燈光，令人覺得坐立難安，偶爾會有莫名其妙的人跟你搭訕，我們不自覺的將隨身包包抱得緊緊。試著要在售票機內買地鐵票，但看著每台售票機都有怪人在旁邊，才剛靠近售票機就說要幫你買票，我們不想便只好放棄，而去找人工售票台。

地鐵站內的服務台很不起眼地藏在一個小角落裡，服務台的伯伯人非

❶ 富麗堂皇的室內購物廊道
❷ 米蘭中央車站

常好。買了票後因為在吵雜的地鐵站內，長途飛行加上時差，一路上都是精神恍惚的，還搞錯了搭車方向，伯伯好心的出來把我們叫住，告訴我們走錯方向了，帶著我們到正確方向後才放心回到工作崗位上。如此貼心的舉動，讓我們見識到義大利人的熱情及友善，為旅程的開始增添了好兆頭。

出了地鐵站發現雨已經停了，陽光露出臉來，空氣中瀰漫著下過雨後的清新味道，令人精神為之一振，深呼吸一口，紓解我們長途飛行的疲累感，這一刻才意識到已經踩在義大利的土地上了，兩人開始興奮準備迎接旅程的第一個城市。

大理石寫成的一首詩──米蘭大教堂

時尚之都是世人賜予米蘭的美麗稱號，在這裡時尚跟生活劃上等號，到處都是昂貴的名牌，它也是義大利主要的經濟中心，但米蘭並非只有流行時尚而已，與時尚並存的還有珍貴的歷史文化，擁有世界第三大的教堂，也是義大利境內最大的哥德式教堂。

建於 1386 年的米蘭大教堂（Duomo），費時將近五百年建造，詩人馬克吐溫比喻為「用大理石寫成的一首詩」。當你從地鐵階梯走上來，宏偉的大教堂突

③

④

然躍入眼簾，瞬間眼睛一亮，眼睛再也離不開教堂美麗的身影了。

教堂頂的一百三十五支尖塔及兩千兩百四十五座聖人雕刻，為世界

上最多的大理石雕像，中央最高點 108 公尺頂端的，則是鍍金的聖

❶ 地鐵站
❷ 地鐵票售票機
❸ 雄偉的米蘭大教堂
❹ 教堂一隅

母雕像（Madonnina），指向天際，令人無法忽視它的美麗，教堂已成為米蘭的象徵，其歷史價值在米蘭占有無與倫比的地位。

　　初見這華麗的教堂，便令人難以將它的美遺忘，因此即使造訪了米蘭多次，來到米蘭第一件事情不是Shopping，管他什麼流行時尚、名牌包，我們統統不屑一顧地直奔這裡，為的就是來看令我一見傾心的大教堂，哥德式教堂首重華麗，尤以鬼斧神工的雕刻技巧聞名，繁複華美的外觀實在令人驚嘆連連。

　　教堂頂端開放參觀，個人強烈建議花 8 歐元搭乘電梯直升教堂頂樓，頂層能欣賞教堂鬼斧神工的尖塔群，以及大理石聖人雕像，又可鳥瞰米蘭市中心，壯麗的景像千萬別錯過。

時尚艾曼紐二世拱廊

　　在教堂廣場旁的艾曼紐二世拱廊（Galleria Vittorio

Emanuele II）則是時尚中心，十字型的走廊，為義大利最美麗的室內商場，美麗的拱型天花板、馬賽克鑲嵌地板，兩邊則是目不暇給的名店街，富麗堂皇的長廊吸引人潮川流不息的來此朝聖時尚。

　　商店內瞠目結舌的高價位，我想自己就算把所有的旅費拿出來，也沒辦法買到一件像樣的東西吧！最平價的應該就是長廊左手邊的「麥當勞」！不得不說，連麥當勞的外觀都很時尚。黑色招牌襯托著金色牆壁，讓我不禁猜想，該不會麥當勞裡有賣隱藏版的時

❶ 祭壇
❷ 尖塔上的聖人雕刻
❸ 廣場上的艾曼紐二世青銅像
❹ 教堂正殿
❺ 時尚中心——艾曼紐二世拱廊
❻ 拱廊內的咖啡座
❼ 富麗堂皇的室內購物廊道
❽ 麥當勞也時尚

尚套餐？

　　米蘭的一切看起來都是那麼炫目耀眼，所有的人、事、物都被包裝上時尚糖衣，但相對也顯得高不可攀，難怪有人説：「米蘭人自視甚高，看不起其他城市的人。」但在旅人的眼中，米蘭是引領時尚的先驅，是購物的天堂，每一個城市都各有其特色，時尚就是米蘭的主要賣點，所以就別太計較囉！

樣樣都很貴

　　教堂廣場占地寬闊，我們在世界盃足球賽期間造訪，上一屆冠軍正巧是義大利，因此更能感受到比賽期間的瘋狂。廣場立著一個超大螢幕，預計下午轉播世界盃足球賽，原本想在這裡等球賽轉播，體驗當一下瘋狂球迷的感覺，但天空不領情的又飄起雨來，剛下飛機就奔過來，時差加上疲累，肚子也餓了，所以先顧及民生需求比較重要。

教堂旁有一間電影院附設的點心 Bar，販售各式三明治及披薩，還有點心，看著櫥窗內多種口味的三明治，猶豫著要選哪一種，因為每一種看起來都很美味。剛來到這裡怎麼點餐都不知道，我們在旁邊觀察一陣子之後，發現原來是要先決定餐點，然後到角落邊的小櫃台結帳，櫃台人員會給你一張收據，再憑收據取餐就好了。我們點了一個佛卡夏（Focaccia Primavera）三明治，佛卡夏麵包夾火

腿和起士，還有不知名綠色蔬菜，這樣一個三明治要 4.4 歐元，真是價值不菲呀！在米蘭這座大城市，真的是樣樣都很貴，也難怪是義大利主要經濟中心呢！

❶ 簡單的點心 Bar
❷ 預備直播球賽的廣場
❸ 各式三明治
❹ 價格都不便宜呢
❺ 點單後就等著取餐囉

NOTE

交通

○航空
米蘭馬潘莎機場（Malpensa），絕大多數的歐洲航班與國際航空都降落在此。
利特納機場（Linate），某些國內航班會降落於此。
兩座機場皆有與中央火車站接駁的機場巴士可搭乘。

○火車
米蘭是義大利東北部交通中樞，中央火車站可以到達義大利各大城市。
以下時刻可供參考：
由米蘭至威尼斯，時間約 3.5 小時，費用 25 歐元。
由米蘭至翡冷翠，時間約 3.5 小時，費用 26 歐元。
由米蘭至羅馬，時間約 6 小時，費用 45 歐元。

○地鐵
共由四條地鐵線組合而成，紅色為 MM1 號線、綠色為 MM2 號線、黃色為 MM3 號線、藍色為 Passante Ferroviario 號線。
中央火車站（Centrale FSE）位於綠色與黃色線交會點上。欲前往米蘭大教堂可搭紅色線或黃色線皆可到達，於 Duomo 站下車。

Venezia

亞 得 里 亞 海 上 的 女 王

威尼斯

威尼斯（Venezia）曾經是海上強國，靠著東西兩岸的貿易，在十三至十六世紀成為歐洲最富有的國家，是亞得里亞海上的女王。我不知道該用什麼言語才足以形容威尼斯的美，「水都」是威尼斯美麗的稱號，許多人說，在有生之年、威尼斯沉沒之前，至少要造訪一次威尼斯，因為世界上沒有一個地方能夠像威尼斯一樣獨特及美麗。

火車緩緩開進威尼斯時，行駛在水上彷彿電影「神隱少女」的場景，依稀記得第一次造訪威尼斯是搭渡輪而來，之後都是搭乘火車到聖塔露琪亞（Santa Lucia）車站下車，我們將行李寄放在車站。車站外就是大運河（Canal Grande），探訪威尼斯的美就從大運河開始，大運河上人潮熙攘的熱鬧景象，水上計程車、載貨的船、

❶ 美得像一幅畫
❷ 教堂門上的馬賽克鑲嵌畫

水上巴士，還有穿著條紋制服的貢多拉船夫哼著船歌，運河上熱情奔放的氣氛讓我們心情非常雀躍，迫不及待想一探究竟。

聖馬可廣場

由一百一十七座小島組成的威尼斯在地圖上就是條魚的形狀，密密麻麻的水道及曲折的巷道，讓迷路成為威尼斯最有趣的事情。

在車站前買了一張船卡，由車站搭水上巴士到聖馬可廣場（Piazza San Marco）。拿破崙認為聖馬可廣場是「歐洲最棒的會客室」，因為整座廣場被長形的教堂還有拱廊包圍著，長形的廣場約有兩座足球場大，是威尼斯本島最重要的

廣場。

　　建議可以步行穿過曲折的小巷，找尋字跡已模糊或藏在不起眼處的指標，走過無數個不知名的小橋，在巷弄內迷路好幾回，永遠不知道下一個轉角會有什麼驚喜，最後見到整個聖馬可廣場的開闊氣勢，絕對是在威尼斯漫步的最大樂趣。難怪有人說，在威尼斯不迷路，就不算真正來過威尼斯。

　　聖馬可教堂為華麗的拜占庭風格，重裝飾的外觀，有著五顆醒目的球型穹頂，教堂正面拱廊的精美馬賽克鑲嵌畫非常鮮豔，大門裝飾著羅馬時期的浮雕，尤其是大門正上方的四隻仿製鍍金銅馬，真品目前擺在教堂內，銅馬栩栩如生的英姿突顯了教堂氣勢非凡。

面具嘉年華

　　華麗的面具在威尼斯隨處可見，起源於 1162 年的面具嘉年華會，只要戴上面具就可以扮演自己想要的角色，不分階級、貴賤，一律平等，將真實的自己隱藏在華麗的面具下，盡情的狂歡。嘉年華會上人人爭奇鬥豔，現在威尼斯依然年年舉辦嘉年華會，日期不定，但大約都是在 2 月舉辦，到時不管你是誰，挑一副面具，忘記煩惱盡情狂歡吧！

❶ 造型繁複的聖馬可教堂
❷ 最棒的會客廳──聖馬可廣場
❸ 華麗的聖馬可教堂
❹ 曲折的小水道
❺ 面具種類繁不勝數
❻ 戴上面具盡情狂歡吧

悲傷嘆息橋

　　緊鄰大教堂的總督宮（Palazzo Ducale），採用粉紅大理石哥德式風格建築，既華麗又氣派，自古以來都是法院兼總督官邸。總督宮旁有座密閉式的天橋，連接了法院與監獄兩處，就是著名的嘆息橋（Ponte dei Sospiri），死囚受刑前的必經之路。

　　當要前去受刑時，家屬在橋下為他送行，但家屬看不見犯人，死囚走到橋中央，從唯一的窗口看見為他送行的家屬，卻不能親口道別，只能輕嘆一聲，故稱為「嘆息橋」。真是既憂傷又美麗的故事，不是嗎？除了憂傷的故事之外，還有個浪漫的傳說也為人津津樂道，據說戀人在日落時分乘坐貢多拉行經嘆息橋下親吻對方，就會得到永恆的愛情，這個傳說也讓嘆息橋成為威尼斯最具浪漫色彩的景點。

　　我與小白特別喜愛有故事的地方，因為不管任何事物，有了故事相伴就會變得更迷人。在橋上觀看河面的貢多拉載著成雙成對的戀人，船夫划過嘆息橋下還會特別放慢速度，戀人幸福的表情實在令人稱羨不已。

360 度環繞美景

　　天空又飄起雨來，我們躲進廣場上的鐘樓內，位於聖馬可廣場旁的鐘樓高 99

公尺，是威尼斯目前最高的建築，曾經在 1902 年 7 月突然無預警
倒塌，現在矗立在廣場上的則是 1912 年所重建。我倆在雨中排隊，
後面排著來自英國的小夫妻，抱在懷裡的小 Baby，好奇仰頭睜大眼
睛看著我們兩個，超級可愛的。搭電梯直達鐘樓頂，電梯內的服務
人員在我們要出電梯時，對我倆說了：「卡哇依！」我們高興之餘
還不忘糾正他，不是「卡哇依」，是「好可愛」！他害羞的對我們
說抱歉，並且又用中文對我們說好可愛，真是太有趣了。

　　從最高的鐘樓上俯瞰整個威尼斯，360 度環繞威尼斯，風景美
得令人心醉！實在無法克制按快門的手，鐘樓頂還提供了解說圖，
告訴遊客們在哪個定點拍照就可以拍到著名的景點，甚至還將其排

❶ 悲傷又浪漫嘆息橋
❷ 總督宮
❸ 水都風情
❹ 俯瞰聖馬可廣場
❺ 聖馬可教堂五顆醒目的穹頂

名呢！由鐘樓往下俯看聖馬可教堂突出的穹頂，讚嘆建築工法的精細，廣場上撐著傘的各國遊客、大運河喧鬧的景象，遠眺各個具有特色的離島，8 歐元真的是太划算了。

　　鐘樓頂還有間紀念品店，義大利人會不會太有賺錢的頭腦了？但說歸說，我們還是忍不住過去看看，賣的東西跟隨處可見的攤販賣的大同小異，一些明信片、面具造型的小東西，還有賣一些宗教聖器，但地點是在聖馬可鐘樓上，感覺就是不一樣！我們挑了一些面具鑰匙圈，還有幾張明信片、面具項鍊，結帳時店員問我們從哪來的？我們說台灣，沒想到這位先生卻說他前女友就是台灣女孩！這也太巧了，開玩笑的跟他說，看在前女友的份上，可不可以算便宜一點？但他卻更技高一籌的對我們說，老闆不是他喔！簡單一句話就讓我們乖乖掏錢付帳。

浪漫貢多拉

　　貢多拉（Gondola），這個如樹葉般細長的扁舟俗稱為燕尾船，是威尼斯的象

①

徵。若想探索威尼斯無數的河道，只要是水上巴士無法進入的，貢多拉就能夠帶你細細品味威尼斯眾多的小河道。

坐在貢多拉裝飾貴氣的船艙內，穿著條紋衣的船夫有節奏的搖著船槳，遇見兩船交會時，因為河道狹窄，船夫喊著聽不懂的義大利文，有技巧的拍打船尾，利用腳跟頂住牆壁，讓另一艘貢多拉順利通過，高超的技巧讓貢多拉不只是交通工具，同時也是船夫的個人表演空間呢！心情好時哼哼義大利情歌，船上戀人絮語浪漫程度破表。

可惜我是與一群沒情調的男同學一起搭乘貢多拉，雖沒有浪漫的氣氛，但我們的這一船很特別，有兩位船夫，一老一少，老的在旁教導年輕的。貢多拉技術自古以來，皆是父子承襲制，我很幸運能夠看到這難得的古老技術繼續傳承下去。

璀璨穆拉諾島

我們搭著水上巴士出走本島，去探索威尼斯各有特色的離島，首先是最近、也最多人去的穆拉諾島（Murano），又稱玻璃之島。因為在十三世紀時威尼斯把整個玻璃產業全移到這座小島上，主要是為了避免本島發生火災，距離威尼斯本島只需

❶ 一對對幸福的戀人們
❷ 來體驗貢多拉吧
❸ 喝杯咖啡休息一下吧

15 分鐘的船程。

　　島上有兩座吹玻璃工廠，可以免費參觀吹玻璃的過程，島上的紀念品店都販售玻璃製品，漂亮但昂貴。小島上的河道細小可愛，小橋橫跨河道，風景優美，就連住家小陽台的裝飾品竟然也是玻璃花，真是名副其實的玻璃島呀！

繽紛布拉諾島

　　緊接著我們趕往我心目中最期待的小島，就是近幾年很受歡迎的布拉諾島（Burano），之前來威尼斯都未曾造訪過這裡，這次絕不能再錯過了。布拉諾又名蕾絲島，因為專門產手工蕾絲而出名，這蕾絲可不是一般的織法喔！這裡獨創的織法為漁網織法，會有這樣的特殊織法是由於漁婦們長期補漁網而衍伸出來的

⑤

⑥

⑦

新織法，既費時又費工，完全手工製作，都是漁婦們一針一線織出來的，成品非常精美，是當紀念品的好禮物。

布拉諾除了手工蕾絲出名之外，最特別的就是島上外觀塗抹五顏六色的房子了，因此又有人稱之為彩色島或童話島。至於為什麼房子要塗成五顏六色？據說是早期漁民出外捕魚，傍晚回程會起濃霧，為了要清楚分辨方向，因此塗上顏色，長期下來整座島就變成現在看到的色彩繽紛模樣，而且還有個奇怪的規定，就是房子的顏色必須由政府單位決定，兩座相鄰的房子不能有相同的顏色，所以不會在布拉諾看到相鄰房子的顏色相近喔！

這是座很容易忘了煩惱的小島，我倆一踏上這座童話島，就忘記了所有的事情，當然也包含時間！島上很安靜，因為距離本島較

❶ 水上蔬果攤
❷ 窗台上的玻璃花
❸ 小橋橫跨優美的河道
❹ 穆拉諾島
❺ 一眼就愛上的地方
❻ 沒有一間是相同顏色的
❼ 特殊魚網織法的手工蕾絲

沉醉在五顏六色的魅惑裡

遠，約要 40 多分鐘的時間才能抵達，所以觀光客並不多，我們也樂於享受這樣的寧靜。因為地處偏遠、居民外流，這裡有許多房子要出售，讓我們真的很心動。「買吧！」小白這樣對我說，我卻說：「你醒醒吧！你買了房子，還得要買一艘船哩！」如果厭倦了聖馬可廣場上滿滿的人潮，布拉諾絕對是享受寧靜的好去處。

夜宿威尼斯

沉醉在布拉諾島五顏六色的魅惑之下，完全忘了回程的時間，等到我們回神，回到火車站時，已經晚上七點多了，行李寄放超過時間被罰了錢不打緊，連要到盧卡的火車都沒了。我們太驚訝了，傻在售票窗口前，不死心的去詢問服務中心，服務小姐也說沒車了，要到明天早上才會有車！眼下必須

先把在盧卡預訂的住宿取消，然後今晚確定夜宿威尼斯了。

接下來要面對的是今晚睡在哪兒？因為根本沒預期會發生這樣的事情，兩人拖著行李在車站大廳發呆，完全沒頭緒接下來該怎麼辦，我提議不然睡車站好了，撐一晚就過了。正決定要這樣做時，一位中年男子靠了過來，找旅館嗎？我倆點點頭，他很迅速的拿出手上的 DM 介紹房型，一人 25 歐元，不含早餐，而且離車站只要 5 分鐘，看了他手上的旅館 DM，兩人也沒多考慮就答應了。

我們跟著他走，心中有些許不安，匆促答應後現在才知道緊張，傍晚街道上依然很多人，走進車站旁很熱鬧的街道，一下子就到了今晚的旅館。嗯！果然很近，還是鬧區呢！心中的不安總算放下，房間擺了兩張單人床和一張桌子。洗過澡後，我卸下緊張的心情，突然覺得自己好像被耍了！對著一直都老神在在的小白說：「這是你的陰謀吼！住在威尼斯你一定很開心吧！」果然，她說：「哇！我們住在威尼斯耶！多麼夢幻啊！超讚的。」看著她這副開心的模樣，算了，反正旅行嘛！永遠都有未知的事等著你。

夜晚的威尼斯遊客散去，少了日間的喧嘩，多了一份夜晚的靜謐，威尼斯此時就像剛參加完嘉年華會的女

❶ 黃昏的聖塔露琪亞車站　❷ 褪去塵囂的水都夜景　❸ 雷亞托橋　❹ 貢多拉划過揚起一陣水紋

郎，卸下了面具，褪下了華麗的服裝，清新脫俗。運河旁的咖啡座
都點上燈，燈影反射在河面上，非常浪漫，貢多拉輕輕划過河面，
揚起的小水花伴著情人的低語呢喃，威尼斯果真是戀人的國度呀！

NOTE

對外交通

○ 航空
Marco Polo 機場，有每日往返 Mestre 火車站的機場巴士。

○ 火車
Santa Lucia 火車站可經由米蘭、翡冷翠、羅馬等城市出發抵達威尼斯。

○ 巴士
Mestre 火車站外的 Piazzale Roma 有巴士站，可轉搭水上巴士至市區。

對內交通

○ 水上巴士
1、2 線行駛於大運河上，可到聖馬可廣場、雷亞托橋，終點為 Lido 島。41、
42、LN 線可到穆拉諾、布拉諾島，其中 41、42 線會經過車站（Ferrovia 站）。

○ 貢多拉
用以欣賞獨有的曲折水道風光，為觀光客的最愛，約 50 ～ 100 歐元不等，可
揪團談價格。

○ 水上計程車
方便、快速，但非常貴！除非趕時間，否則不建議。

④

Lucca

拿 破 崙 的 禮 物

盧卡

前 一天錯過去盧卡（Lucca）的火車，只好在威尼斯過夜，讓原本應該有兩天的盧卡，變成只有一天的停留。盧卡是座被古老城牆所包圍的城市，1805 年拿破崙將盧卡城送給姐姐愛麗絲當作結婚禮物，禮物是一座城堡呢！真是大方。從火車站出來後就能看到古色古香的城門，我倆拖著行李要找今天下榻的青年旅館，明明盧卡很小，我們卻繞了 1 小時才找到旅館，因為盧卡的路都沒有明顯的路標，讓我們摸不著頭緒，才剛到這裡就馬上為盧卡取了一個新名字「恐怖盧卡」！我倆在那裡沒有一次是走對路的，小白戲稱我們出去是丟掉，回來則像是撿到一樣，真是太可怕了。

保留著完整城牆的盧卡城有著廣闊的草地，古代護城河也變成了綠油油的草坪，風和日麗的天氣適合

❶ San Martino 教堂鐘塔
❷ 厚實的城牆

散步踏青。我們在旅館放好行李後，先買了兩球冰涼的 Gelato，一邊舔著透心涼的冰淇淋，一邊感受著古城的悠閒氣氛，兩個人躺在草地上曬太陽，什麼事也沒做，就覺得很幸福愜意。寬廣的城牆上還能騎自行車，有人甚至就躺在城牆上曬日光浴、看書小憩一番，真是悠閒到極點。

　　盧卡也是偉大作曲家普契尼（Puccini）的故鄉，在 Cittadella 廣場有普契尼的雕像及故居可以參觀，「蝴蝶夫人」（Madame Butterfly）等許多的作品都在此處完成，有興趣者可以來此感受大師創作的空間。城內的羅馬風格大教堂是十一世紀為紀念 San Martino 而建，也稱 San Martino 教堂，傳說裡面的木製十字架有著耶穌留下的身影，當時有位叫做 Nicodemus 的人目睹了耶穌受難的情景，根據耶穌的身影雕刻而成，此十字架也是教堂的聖物，在每年的 9 月 13 日會抬出大街遊行，供信徒瞻仰。

夜生活正精采

　　下午我們去了離盧卡只有 20 多分鐘車程的比薩，回到盧卡已經天黑，傍晚的盧卡跟日間感覺有些許不同，原本安靜的盧卡城突然喧鬧了起來。原來盧卡的夜生活很受年輕人歡迎，夜晚的餐廳與 Bar 生意都很好，Club 外聚集了許多名車與年輕人，人手一杯調酒就在路旁聊天，夜間活動反而比白天熱鬧許多。

　　走回旅館的路上聽到不知哪兒傳來的音樂聲，我們好奇循著音樂聲尋找，在某個不知名的廣場找到了音樂來源。廣場上架有一個舞台，舞台上正表演著肚皮舞，還有兒童跳舞，接下來是芭蕾舞，觀眾及表演者都是當地的居民，感覺很像是舞蹈教室成果展，還是社區大會呢？我倆混在觀眾群裡跟著拍手歡呼，享受著晚間額外的餘興表演。

　　駐足欣賞約 20 分鐘的舞蹈表演後，看看手錶，時間也不早了，我們還沒找到正確的路回旅館，也只能匆匆離開。雖然時間很緊迫但經過了盧卡最重要的聖米迦勒教堂（San Michele in Foro）時，還

❶ 古城門
❷ San Martino 教堂側面
❸ 盧卡保留了完整的古城牆
❹ 聖米迦勒教堂
❺ Club 外聚集了一堆人

是不禁駐足欣賞一番這美麗的教堂，外觀就像可口的結婚蛋糕，頂端有座大天使米迦勒殺死惡龍的石雕，現在想想真是扼腕不已，因為多留一晚的威尼斯，讓只剩一天的盧卡時間不足，只能走馬看花了。雖然多享受到威尼斯的夜景，卻也少了探索盧卡的美，時間的掌控果真是旅程中最難預料的事情。

無止境的迷路

時間一分一秒過去，無人的街道，昏黃的街燈，將我倆的身影拉得長長，腳步聲迴盪在空氣中，從一開始還可以笑鬧，到現在因為疲累又找不到路回旅館，心中逐漸緊張，一股詭異的氣氛瀰漫在周圍。

我看著腳下的石板路，小聲的說：「這感覺好像開膛手傑克會從前面暗巷衝出來似的！」小白突然停下腳步，與我對視1秒鐘，一陣毛骨悚然讓我們開始尖叫往前奔跑了幾公尺後，又停下腳步相視大笑，我說：「你幹嘛要跑啊？」小白說：「那你提到開膛手傑克做什麼啦？嚇死我了！」兩人又是一陣嬉鬧，但重點是我們仍然找不到路，繼續在巷弄間無意義的亂轉。

過了一會兒總算讓我們碰到一對要回旅館的中年夫婦，拿著地圖詢問，剛開始他們對我們有防備心，但好不容易才發現了人煙，當然不能輕易放他們走啊！苦苦哀求，最後是先生心軟了，帶我們去他們下榻的旅館，請櫃台人員幫助我們，在地圖上畫了條路線圖，又帶著我們走到主要的道路上，之後走了約20分鐘的路，總算看到我們的旅館，這才鬆了口氣拖著腳步走回房間倒頭就睡。

雨天的家鄉味

睡夢中隱約聽到滴滴答答的聲音，早上一睜開眼，外面正下著傾盆大雨，昨晚聽到的聲音真的是雨聲，前一天還風和日麗，今天卻下了大雨，天氣變化比翻

書還快。看這雨勢也不是一下子就會停,又要拖著行李走出城外,想到昨晚的迷路記,我們真是「挫哩等」!好在櫃台説有公車搭出城,最後一趟路總算是輕鬆搭著車抵達車站。

　　離火車開車還有一段時間,我們在車站的 Bar 吃著早餐,雖然是 6 月,但下雨天還是感到一陣涼意,此時若來碗熱湯不知該有多好,於是小白拿出了泡麵癡癡的望著我,我們果然都懂對方在想些什麼。小白去吧台要熱水,剛開始服務人員只給了一小杯,小白搖頭説:「不夠、不夠。」服務人員乾脆給她一大壺,熱水倒進碗裡時,熟悉的家鄉味飄散在異鄉的天空,熱湯瞬間溫暖我們冷冷的胃,幸福的滋味就是那麼簡單,前往翡冷翠的火車也到了,家鄉味為我們灌入了能量,重新揹起背包往下一站文藝復興之都前進。

拿破崙的禮物　盧卡

039

❶ 早餐一定要來杯咖啡
❷ 我的早餐 Panini&Pizza
❸ 熟悉的家鄉味

NOTE

交通

○火車
　由翡冷翠至盧卡,時間約 1.5 小時,費用 5.3 歐元。
　由盧卡至比薩,時間約 25 分鐘,費用 2.5 歐元。

Pisa

搶 救 鐘 塔 大 作 戰

①

比薩

在 九世紀時比薩（Pisa）曾經是海上強國，在羅馬帝國時期則是重要的海軍基地，現在則是因為一座設計出了錯誤的塔而聞名全球，是不是很有趣呢？

　　舉世聞名的比薩斜塔（Torre di Pendente），八層圓柱型全大理石建築的鐘塔，在 1173 年設計師博南諾‧皮薩諾（Bonanno Pisano）原始的設計圖並不是斜的，是開始動工蓋到第三層時，才發現因為土壤鬆軟、地基下陷導致鐘塔傾斜，而且平均每年傾斜 1 毫米。由於傾斜嚴重，曾在 1990 年正式對外關閉，義大利政府動用各國建築學家正式展開搶救鐘塔大作戰，想盡辦法改善鐘塔繼續傾斜並導正，維修及改善長達十二年之久，終於在 2001 年 12 月 15 日重新對外開放參觀。

❶ 廣場上的全民運動──扶正斜塔
❷ 橋上的十字浮雕

主張太陽中心理論的伽利略
（Galileo Galilei）在鐘塔頂做自由
落體實驗，使得斜塔更加聲名大
噪。但鐘塔從蓋好以來從沒敲過
鐘，因為深怕敲鐘的力量讓鐘塔
倒塌，所以鐘就不曾敲響過了。

比薩也是座古老的大學城，
天文學家伽利略就曾經在這裡擔

任老師，至今仍有許多學子來此求學，不時可看見騎單車的學生在巷弄間出沒，
洋溢著青春活力。1987 年，聯合國教科文組織將斜塔與大教堂、洗禮堂，還有墓
園的整座奇蹟廣場（Piazza dei Miracoli），列為世界文化遺產，也是世界七大奇景
之一喔！

我們下午四點多才從盧卡搭火車到比薩，僅短短 20 多分鐘的車程。歐洲的夏
天日照較長，甚至到了晚上九點天空還是亮的，所以火車站仍然人潮不少。從車
站走到奇蹟廣場其實還滿簡單的，先到車站外廣場左手邊有棟舊大樓，旅遊服務
中心就在那裡，可以拿免費的地圖，或者像我們一樣跟著人潮走就對了。當然也

④

可以搭 CPT3、4 號公車，不過從車站走到斜塔只要半小時，沿路有比薩的古城區與商店街可以逛，還有亞諾河風景可以欣賞，走路當然比較有趣呀！

奇蹟廣場上全民運動

　　經過橫跨亞諾河的索爾菲利諾橋（Ponte Solferino），午後陽光照得河面波光盪漾，橋上風光迷人得令人不禁駐足，過了亞諾河就是古城區，城區內有許多咖啡館與名品店，學生騎單車從身邊接連而過，比薩的古老歷史與學生們的年輕氣息完美融合。越靠近奇蹟廣場就能從層層建築物裡瞧見尖尖的圓頂與斜塔的頂端，正在悄悄的向你招手，第一次造訪的小白，看到斜塔的最初反應竟出乎意料的冷靜，她淡淡的說：「真的是斜的耶！」她的反應真是令我哭笑不得。

　　雖說反應異常冷靜，卻也已經撩起興趣，讓我們兩人想要再多看一點，更靠近一點，腳步也不由自主的加快了，越靠近斜塔，紀念品小販就越多，但我們對同一模子製作出來的模型一點都不感興

❶ 層層建築物裡的斜塔
❷ 有著十字標誌的人孔蓋
❸ 跟著走就對了
❹ 亞諾河風光

趣，只想快點看到世界七大奇景的比薩斜塔。

　　踏進奇蹟廣場目光馬上被那期待已久的斜塔吸引過去，這座因為設計錯誤不敵地心引力而傾斜的鐘塔，一連串的巧合讓比薩斜塔成為世界最著名的鐘塔。廣場上雖然立了許多禁止踐踏草坪的指示牌，仍然不敵眾多要與斜塔親密接觸的遊客們，跨越界線就是為了要取最好的鏡頭。遊客擺出各種姿勢，藉由特殊的拍照方法，拍出各種「扶正」斜塔的照片，草坪上的遊客有的躺著、趴著、倒立著，甚至是跳躍，各種有趣的姿勢都有，都是為了與知名的斜塔留下最棒的照片。小白在出發前，就曾經發下豪語，發誓絕不跟一般人一樣無聊，拍一些蠢照片，但親臨現場的她興奮得馬上忘了曾經說過的話，拉著我很快的就融入了拍照遊戲中。

　　奇蹟廣場上還有建於 1064 年羅馬風格的大教堂，是托斯卡尼的羅馬建築風格典範，以及墓園與圓形洗禮堂，都非常值得一看。若時間充足，還可登上洗禮堂頂層看廣場全景喔！奇蹟廣場上的四大建築全部是純白大理石建築，綠色草坪配上白色非常鮮明，綠色充滿著生生不息，白色代表著純潔無瑕，生氣勃勃的氛圍彷彿在奇蹟廣場上真會出現奇蹟呢！

　　雖然我們沒有進去參觀教堂，也沒有登上斜塔，但拍了很多有趣的照片，拍累了就躺在草坪上發呆，偷偷觀察其他遊客。有一群外國女孩正在一起跳躍，跳了好幾次總算捕捉到最棒的那一刻，幾個女孩圍著相機觀看嘻笑，看著她們滿足的笑臉我也覺得很開心；還有兩位穿著重機連身服的先生，剛開始還很含蓄的在旁邊拍照，但看大家玩得那麼開心就放下了矜持。放鬆感受比薩城特有的拍照文化，在旁邊觀察人群真的好有趣。

　　曾是海上強國的比薩，如今擁有一座計算錯誤的鐘塔，還成為世界七大奇景之一，也是全球旅客最愛的景點，我想這也是比薩城所始料未及的吧！

名人小檔案

伽利略（Galileo Galilei）

1564 年出生於比薩，義大利物理學家、天文學家，為科學革命的重要人物，其成就包含改良望遠鏡、支持哥白尼的太陽中心說法。傳說在 1590 年，二十六歲的伽利略在比薩斜塔頂端進行「自由落體」實驗，將兩種不同重量的物品由塔頂丟下，證明質量相異者同時落地，推翻了亞里士多德主張落體速度與質量成正比的理論。伽利略卒於 1642 年，被譽為「現代觀測天文學之父」。

❶ 奇蹟廣場上的聖座，大教堂、
　洗禮堂、鐘塔
❷ 舉世聞名的比薩斜塔
❸ 雕刻精細的聖杯

NOTE

交通

○火車
　由翡冷翠至比薩，時間約 1 小時 20 分鐘，費用 5.9 歐元。
　由比薩至盧卡，時間約 25 分鐘，費用 2.9 歐元。

○城市公車
　每日 CPT 的 3、4 號公車往返比薩車站及奇蹟廣場。

Firenze

不 是 遊 客 ， 是 文 化 朝 聖 者

翡冷翠

義大利中部托斯卡尼省的翡冷翠（Firenze），是中世紀文藝復興發祥地，所擁有的文化寶藏遠勝過世界上所有城市，二十一座宮殿，二十五座古教堂，八家美術館，二十家博物館，這個數量甚至比整個西班牙還多耶！記得我很喜歡的旅遊節目裡曾經介紹過翡冷翠，提到居民曾說，來到翡冷翠的不是遊客，而是文化朝聖者。翡冷翠一直是我最喜歡的義大利城市之一，雖然終年遊客如織，但城市富含的多樣風貌總是深深吸引著我，來了好幾次仍然不厭倦。

這次來到翡冷翠安排約四天的時間，住的地方離車站只有 5 分鐘路程，將行李放好後準備要去聖母百花大教堂參觀，卻在旅館附近發現了一家很特別的面具店，店名是「Alice Mask」，這與在威尼斯常看到的面具

① 最後的審判
② 貓咪頭像

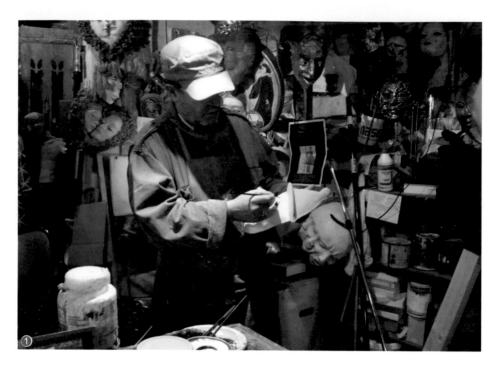

店不同，是專為電影及舞台劇打造的特殊面具店。有 V 怪客、「魔鏡夢遊」裡的紅皇后及帽師，還有許多奇特造型的面具，吸引了我們推開魔幻的店門，裡頭彷彿奇幻世界一般，布滿了模型及面具，每個都栩栩如生。

　　工匠正專心繪製著面具，沒注意到我們推開了店門，我們不敢打擾，只是安靜的拍照與觀看，後來工匠發現了我們，便停下了手邊的工作與我們交談，介紹他是專門為電影及歌劇表演打造面具，而且還有到世界各地參展。工匠熱情的為我們挑了兩副面具，親自為我們戴上並拍照，讓我們受寵若驚，本來想買下他為我們戴上的面具，但價格不菲要 120 歐元，讓我們兩人都卻步了，實在買不下手，然而他一點都不介意我們沒有購買，最後還送了我們兩張簽名卡片當作紀念，讓我們超感動的。

蓋不出比它更美麗的圓頂了

　　帶著滿滿的驚奇走出面具店後，隔壁的肉品店天花板掛滿了火腿，而店門口就放著小豬野餐的擺飾，看了不禁會心一笑，漫步在翡冷翠真的可以發現很多特別的事物。

　　走著走著翡冷翠的地標就在轉角突然出現，我想很少人不會為突然躍進眼裡的聖母百花教堂（Duomo di Frienze）而感到心跳加速吧！教堂由粉紅、白、綠三種顏色組合而成，既美麗又壯觀，是翡冷翠的地標。教堂圓頂是全翡冷翠最高點，也是世界上最大的圓頂（Dome），十四世紀時經由公開徵選圓頂設計圖，出乎意料由金匠布魯列斯基（Brunelleschi）勝出，精湛的設計打敗了許多出名的建築師。在 1463 年打造出這個美麗的圓頂，甚至連大師米開朗基羅看過後也由衷的說出：「我可以建造出比它更大的，但是卻不會比它更美麗了。」

463 階的挑戰

　　要登上翡冷翠最高頂非常簡單，只要具備強健的腳力與體力，就可以挑戰 463 階的階梯登上圓頂。我們才剛抵達翡冷翠，也不急著跟一堆遊客搶先進教堂朝聖，決定直接挑戰攻頂。爬著這狹窄的階梯，起初還有說有笑的，之後開始頭昏腦脹。好險！在階梯的中段有稍作喘息的地方，可以欣賞到畫在圓頂上瓦薩里的「最後的審

❶ 面具工匠
❷ 老闆送我們的卡片
❸ 聖母百花大教堂
❹ 祭壇
❺ 最後的審判

判」穹頂畫，描繪怵目驚心的地獄景象，提醒世人做壞事的下場。

　　稍事休息後繼續挑戰後半部的階梯，總算讓我們爬上圓頂了，氣喘吁吁的爬出階梯口，還來不及休息喘口氣，馬上被迎面而來的花城景色擄獲了目光。距離天空好近，翡冷翠的紅瓦屋頂盡收眼底，遠處托斯卡尼壯麗的美景讓我們忘記爬階梯的辛苦，不畏辛苦爬上來是值得的！順道一提，如果登百花圓頂的人太多，不妨可到教堂旁高 45 公尺的喬托鐘塔（Companile di giotto），同樣也有開放登塔參觀喔！欣賞的風景跟登圓頂一樣，可遠眺花城景色，不同的是多了百花教堂圓頂的全景。

　　我們在教堂快休息前才進去參觀，裡面只剩些許遊客，西方教堂跟中國的廟宇最大的差別是氣氛，中國的廟宇氣氛熱鬧，而西方的教堂則肅穆祥和，進到教堂人也不自覺的輕聲細語了。地下室有圓頂設計師布魯列斯基的墓室，須另購票參觀，但我們是在關門前半小時才進入教堂，所以墓室也已經休息了，雖然失去了對大師致敬的機會，但是能夠避開尖峰時刻感受百花教堂難得的寧靜時光，也是另一種不錯的收穫。

文藝復興藝術天堂

在翡冷翠旅行的好處是，步行就可以接到很多景點，不帶地圖也不擔心會錯失方向。沿著 Vie de Calzaiuoli 走，就能看到著名的烏菲茲美術館（Galleria degli Uffizi），原意為辦公室（Office），是中世紀時期梅第奇家族的辦公室，故稱為烏菲茲。收藏著梅第奇家族的私人收藏品，多達四千八百件，包含了許多文藝復興時期精采的作品，是世界上最古老的美術館。著名收藏有波提且利的傑作「維納斯的誕生」、「春」；米開朗基羅的「聖家族」；達文西的「天使報喜」；以及拉斐爾、提香等多位畫家偉大的作品。

除了烏菲茲美術館之外，鄰近還有學院美術館，米開朗基羅最著名的雕刻作品「大衛像」真品，就擺放在這裡，大衛像原本放置在市政廳廣場供人景仰，於 1873 年為維護才移至學院美術館內。

❶ 最後的審判
❷ 紅瓦國度
❸ 欣賞喬托鐘樓
❹ 完美身材大衛像
❺ 海神像

①
②

　　到處是博物館、美術館的翡冷翠是藝術天堂，對藝術特別有興趣者一定不容錯過。我們原本以為來到文藝復興之都，會不免俗的來一趟文化之旅，偽裝一下文藝美少女的感覺，但是如你所見，翡冷翠所有必看的美術館都超多人的，用人山人海來比喻也不為過！天真的以為當天排隊就好，然而看到每天都大排長龍，也漸漸失去了排隊的動力。只好安慰自己說，反正翡冷翠處處都看得到藝術品，也不一定非得要進美術館才算數吧！最後把這個很爛的藉口，當成下次能再度回到翡冷翠最好的理由。

　　既然當不成文藝美少女，那就到緊臨烏菲茲的市政廣場（Piazza della signoria）走走吧！廣場宛如戶外藝廊般放置了許多著名的雕刻，有柯西莫一世騎馬像、著名的大衛像（複製品）、海神像等。米開朗基羅的大衛像，真實表現出大衛面對巨人哥利亞時堅定自信的眼神，完美的體魄堪稱是男人最理想的身材，放在露天廣場上供人欣賞既沒有距離感且又融入生活，只要帶著輕鬆自在的心情感受並觸摸大衛完美的線條，在海神像腳下吃著冰淇淋，或是靠在雕像上小憩一番，便能完全無距離的貼近藝術。幸運碰上黃昏在廣場舉辦的露天音樂會，自由入場的座位座無虛席，我們找了兩個空位坐下，能夠在舉世聞名的市政廣場裡參

與一場音樂會，被音樂與藝術包圍的我們真是何其幸運呀！

亞諾河風光

　　烏菲茲連接維奇歐橋的走廊，兩邊有許多藝術家與著名學者的雕像，數一數你認識幾個呢？很輕易的，我找到了藝術大師達文西、《神曲》作者但丁，每一個都是赫赫有名的藝術家！

　　名人走廊盡頭就是維奇歐橋（Ponte vecchio），又稱做老橋。維奇歐橋是亞諾河（Arno River）上唯一躲過二次大戰德軍炮火攻擊的橋墩，早期主要是鐵匠及豬肉販的聚集地，之後珠寶店及金匠漸漸取代了鐵匠，橋上到處是販售珠寶、金飾、手工皮衣、手套的古老商店。橋上有許多街頭畫家，畫架一擺、畫筆一揮，揮灑著腦海中的百花印象，期望自己的畫作能夠受到青睞，每一位畫家風格迥異，走一圈就像欣賞一場小型畫展，我也買了一幅百花教堂的素描當作紀念！

❶ 掠奪薩賓婦女
❷ 維奇歐宮
❸ 亞諾河

　　橋上還有一個特殊景象，就是掛著許多鎖的鐵鍊隨處可見，但這不是惡作劇喔！而是著名的愛情鎖啦！情人將鎖一同鎖上再把鑰匙丟入河裡，象徵永遠的愛情，也就形成了這番有趣的獨特景象。

　　維奇歐橋上可欣賞亞諾河的風景及對面的聖三一橋，沿著亞諾河漫步，腦海中開始想像著中世紀時期維奇歐橋熱鬧的趕集景象。

中央市場貨比三家不吃虧

　　中央市場應該是全翡冷翠最熱鬧的地方吧！走進市場就要有花錢的心理準

備，市場主要販售皮製品，包括皮衣、手套、皮夾等琳瑯滿目的小東西，小販都極盡所能的要你掏出錢來。

小白只是隨意拿起一條皮帶問價格？小販一開始回答 30 歐元，小白沒說話，小販又自動降價成 20 歐元，後來她乾脆把皮帶放回去，小販又說算你 15 歐元就好啦！整整打了對折耶！價差那麼大絕對要比價與殺價，不想吃虧當冤大頭就要貨比三家。令人匪夷所思的是，市場內充斥黑人販售假的名牌包，而且就擺在警告不要買假貨的告示牌旁販售，形成了強烈的對比。

就是愛邊走邊吃

偉大的城市絕對少不了有美食相輔佐，出發前找齊所有翡冷翠的美食資料，要好好滿足自己愛吃鬼的個性。小吃首先當推牛肚包（Lampredotto），在中央市場內靠近 Via Nazionale，有著紅色布棚的小攤子，雖不起眼，卻是當地人最愛的小吃！你一定很懷疑，外國人不是都不吃內臟的嗎？其實在歐洲國家，內臟料理跟亞洲一樣也是很普遍喔！

購物累了來個牛肚包填飽肚子，耐嚼的硬麵包沾一下肉汁，再

❶ 烏菲茲長廊
❷ 但丁雕像
❸ 亞諾橋
❹ 達文西雕像
❺ 各式各樣的貨品
❻ 皮製手環

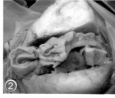

夾入滿滿燉得軟爛入味的牛肚片，淋上特調的醬汁、加上辣椒醬更增添美味度，強力建議醬料多加一點會更好吃喔！很大一份才 3 歐元，我們兩人分著吃都很足夠，在物價高昂的翡冷翠，這個價格真的很平易近人，拿著邊走邊吃最方便。

　　小吃當然也少不了披薩，在義大利披薩一定好吃，十幾種口味任君挑選，切成一片片的方便拿著邊走邊吃，既容易填飽肚子又經濟實惠，一直都是旅途中最常吃的美食。

天天都是冰淇淋日

　　說到甜點就一定要 Gelato，沒錯！就是冰淇淋。在台灣的日子裡，吃冰淇淋的次數屈指可數，但在義大利我們天天都是冰淇淋日耶！每天都放縱自己再吃一球，在義大利吃冰淇淋根本就是全民運動，不分季節、男女老少，人手一支 Gelato，實在可謂是一種奇觀。老實說要抗拒這香純綿密的 Gelato 很困難，光是看著冰櫃裡的冰淇淋都變成美麗又吸引人的藝術品，彷彿是伊甸園裡的蘋果樹般在誘惑著我的心，想要嘗遍每種口味才甘心。

　　維我利（Vivoli），號稱全翡冷翠最棒的冰淇淋店，隱藏在小巷內卻吸引了許多饕客前來一嘗這翡冷翠最棒的 Gelato，尤其是招牌口味 Riso，用義大利米做出

⑤　⑥　⑦

的香滑冰淇淋，香甜還帶著米粒，QQ 的米粒口感一口接一口，也難怪維我利小小的店門口天天都擠滿慕名而來的人們呢！

給我牛排，其餘免談

　　「Bistecca Alla Fiorentina」這一長串就是翡冷翠牛排動人的名字，翡冷翠牛排響亮的名聲跟偉大的藝術品可是不相上下喔！我們分別造訪了兩間各有特色的餐廳，首先是連當地人都推薦的 Il Latini，而且與在巴士站遇見的兩個女孩 Sammi 和 Andrea 一起用餐。

　　那一天下大雨，我們在車站附近的巷弄內找了很久，總算在一群人撐著傘排隊的門口找到了這家生意超好的 Il Latini。沒錯！就是排隊，我都已經逃離了最愛排隊的台灣，來到義大利還是難逃排隊的魔咒，但為了這令人魂牽夢縈不已的大牛排，等再久也甘願啊！餐廳很貼心還提供免費的起士跟酒給等待的顧客享用，讓等待的時間感覺不會那麼漫長，風乾火腿掛滿了整片天花板，成為這裡的特色，而且鵝黃色的燈光讓室內更顯溫暖，整間餐廳人聲鼎沸，真的好熱鬧呀！

　　等了約 20 分鐘總算有位子了，餓昏的我們共點了兩份綜合前菜、2 公斤重帶骨牛排、兩份配菜。餐廳內的托斯卡尼草包酒擺在桌上，喝多少算多少的計價方式很實際。等待餐點的時候，看著隔

❶ 牛肚包小攤
❷ 國民小吃——牛肚包
❸ 十幾種口味的披薩
❹ 維我利隱身在小巷內
❺ 要選哪一種冰淇淋呢
❻ 大家都選了 Riso 口味
❼ 可愛的外送車

壁桌情侶的牛排，口水都快滴下來了，服務生感覺到我們飢渴的眼神，趕緊將前菜送上桌，以防我們太餓會突然大暴走。

綜合前菜有蜜瓜火腿、雞肝泥麵包、碎肉火腿、燕麥沙拉四種，原本不太敢吃生火腿的我，小心翼翼咬了一口，驚為天人的美味在口裡爆開，越嚼越香，鹹味適中，入口後油脂就化在嘴裡，配上香甜蜜瓜真是絕妙呀！瞬間洗刷了生火腿在我腦海裡可怕的印象。碎肉火腿則有濃濃的香料味，很有嚼勁，而我跟小白最愛的雞肝泥麵包，麵包抹上濃郁的雞肝泥烤得香脆，雞肝泥濃郁的香味在嘴裡久久不散，回味無窮，四人一口接一口的完全不顧形象，光是前菜就那麼美味更讓我們期待牛排的味道。

等待許久的主角終於登場，整整 2 公斤重帶骨 Bistecca Alla Fiorentina，宛如帝王般降臨在餐桌上，外層烤得焦香，發出陣陣的炭烤香味，引得我們四人口水

直流，迫不及待要大快朵頤。這好吃的牛排用的是來自托斯卡尼山谷裡放養的牛隻，牛的名字叫做 Chianina，肉色偏白，單純以炭火烤，沒有多餘的調味料來搶風采，外層焦黑，裡面卻鮮嫩多汁，粉色的牛肉撒上胡椒及鹽巴，就是絕妙好滋味。我們大塊吃肉、大口喝酒、盤底朝天，不知情的人還以為我們剛從難民營逃出來呢！

餐後還附贈一杯甜烈酒及杏仁脆餅，小脆餅名為 Cantucci，在台灣有人叫它砍肚臍或沾酒餅，是義大利常見的小點心，吃法是將餅乾沾甜酒吃，吃起來又香又甜。我天真的將第一塊餅乾泡太久，咬一口整個人都清醒了，原來這嚐起來甜甜的酒，酒精濃度也將近40％呢！所以只要輕沾就好，入口脆餅香甜、烈酒濃郁，實在美味極了。

噴泉烤牛排

過了兩天我們與獨自遊歐兩個月的 Derry 一起到噴泉餐廳（Le

❶ IL Latini 許多人在門外排隊
❷ 超好吃的生火腿
❸ 托斯卡尼草包酒
❹ 天花板掛了許多美味的火腿
❺ 絕妙的滋味
❻ 豪邁上桌帶骨烤牛排
❼ 杏仁脆餅
❽ 噴泉餐廳

Fonticine）再次享用翡冷翠牛排，我們是在車站外遇見他的，初次遇見只是閒聊幾句，隔天又在旅館外碰見，當下就決定一同遊覽花城，並共進晚餐。

噴泉餐廳靠近皮件市場旁的 Via Nazionale，距離牛肚包小販不遠，餐廳外有個像洗手台的小噴泉非常好找。晚上七點整我們就準時到店門口報到，依然點了牛排，又點了蔬菜烘蛋、雞肝泥麵包、奶油麵餃，以及令我們非常驚豔的 Ribollita Contadina（翻譯為隔夜湯）。這道托斯卡尼鄉村傳統菜餚剛端上桌時，我們三人對著那盤很像嘔吐物的東西愣住了，鼓起勇氣吃了一口，哇塞！不知如何形容的美味，是一種所有精華融合在一起的濃郁，因為太好吃了，不想浪費的我們，還用麵包將盤底沾得乾乾淨淨。

其實這道 Ribollita Contadina 是早期農夫為了不浪費食物，將吃剩的硬麵包、豆子、蔬菜全部丟在一起燉煮，所有的美味濃縮於一鍋，由於很濃稠又營養，因此也能當主食，吃了之後農夫更有體力工作，而且不會浪費食物，是一道活力滿點的菜餚喔！接下來是噴泉餐廳的牛排，跟 Il Latini 豪邁上桌的帶骨牛排截然不同，貼心的將骨頭去掉才上桌，擺盤簡單優雅，但美味度不相上下，烤得剛好的牛肉鮮嫩多汁，擠上一點新鮮萊姆汁，更是美味加乘。

夜眺百花之城

　　穿過維奇歐橋到河岸的左側，黃昏的亞諾河別有一番風味，沿河岸順著指標走，若不想走路則可以搭 13 號公車，就能登上素有翡冷翠觀景台美稱的米開朗基羅廣場（Piazzala Michelangelo）。帶著紅酒徒步登上廣場，眺望花城壯麗的景觀，夕陽伴著餘暉，天空呈現一片紫藍色，細數我們曾走過的每一條路、造訪過的景點，將這些重重刻劃在我內心的私人地圖，對著花城美景把酒言歡，這一刻我們是全世界最幸運的人。帶著滿滿幸福及微醺的酒意，下山的路感覺輕飄飄的，Derry 對我說：「你走路不是直線的耶！」我笑說：「我分不清是酒精讓我醉了，還是翡冷翠偷偷將我迷醉了？」

❶ 鮮嫩多汁烤牛排
❷ 光看就好吃
❸ 雞肝泥麵包
❹ 農夫的私房菜──麵包湯
❺ 翡冷翠夜景
❻ 亞諾河畔燈光映照
❼ 維奇歐宮

文藝復興

文藝復興（Rinascimento）由 Ri（重新）與 Nascere（出生）所組成，是一場發生在十四至十七世紀的文化運動，文藝復興對近代早期歐洲的學術生活造成了深刻影響。從義大利托斯卡尼省翡冷翠興起，在十六世紀時已擴大至歐洲各國，其影響遍及文學、哲學、藝術、政治、科學、宗教等知識探索的各個方面。在藝術創作中追尋現實主義和人類的情感，此時期造就了許多知名藝術家與博學家，如文藝復興三傑達文西、米開朗基羅、拉斐爾都出自義大利。此外，詩人但丁、畫家喬托及建築師布魯列斯基等皆是出自文藝復興時期。

布魯列斯基（Brunelleschi）

1377 年生於義大利，為文藝復興初期頗負盛名的建築師。1419 年百花聖母教堂公開徵選圓頂設計圖時，他從眾多知名的建築師中脫穎而出，精湛的設計打造出比羅馬萬神殿還要大的穹頂，現為世界最大的圓頂建築。米開朗基羅在看過此圓頂曾說出「我可以建造出比它更大的，但是卻不會比它更美麗了」的話語。布魯列斯基死後得到了葬在百花聖母教堂的殊榮，卒於1446 年。

栩栩如生又精緻的面具

NOTE

交通

○火車

由米蘭至翡冷翠，時間約 2 小時 40 分鐘。
由羅馬至翡冷翠，時間約 1 小時 40 分鐘。
由那不勒斯至翡冷翠，時間約 3 小時。

景點

○百花聖母教堂：時間 10:00 ～ 17:00，免費，無休。
○百花圓頂：時間平日 8:30 ～ 19:00、周六至 17:40，費用 8 歐元，周日休。
○烏菲茲美術館：時間 8:15 ～ 18:50，費用 9.5 歐元，周一休。
○學院美術館：時間 8:15 ～ 18:50，費用 9.5 歐元，周一休。
○市政廣場：全日開放，免費，無休。
○烏菲茲美術館預約訂票（也可預約其他美術館）：
www.uffizi.com/online-ticket-booking-uffizi-gallery.asp

住宿

○ Hostel Archi Rossi
強力推薦經濟又實惠的青年旅館，現做早餐更是令人難忘。
地址：Via Farenza,94r-50123 Firenze
電話：+39 05529 0804
E-mail：ostelloarchirossi@hotmail.com

餐廳

○ Le Fonticine（噴泉餐廳）
地址：Via Nazionale 79r, Firenze, Italy
電話：+39 05528 2106
○ Ristorante Il Latini
地址：Via dei Palchetti 6/r（Palazzo Rucellai）- 50123 – Firenze
電話：+39 05521 0916
○ Gelato di Vivoli（維我利冰淇淋）
地址：Via isole delle stinche 7r, Firenze Italy
電話：+39 05529 2334

San Gimignano

中 世 紀 的 曼 哈 頓

聖吉米那諾

托斯卡尼擁有著名美麗的鄉野風光，中世紀小城聖吉米那諾（San Gimignano）也是親近托斯卡尼鄉間風情不錯的選擇。有百塔之城美名的聖吉米那諾，城裡有十四支中世紀高塔，高塔起源於十一世紀，功用是為了用來防禦敵人而建造，敵人來襲時還可以在塔上潑熱油防禦，數量最多時曾高達七十二支高塔。後來因為商業鼎盛，高塔的作用變成曬染過的布匹，現則僅存十四支，看起來有如中世紀時期的曼哈頓，在山下的車站就可以望見這些高聳如雲的高塔，像是站得直挺挺的士兵盡責守護著聖吉米那諾悠久的歷史。

　　我倆一大早到翡冷翠火車站旁的 SITA 巴士站，購買前往聖吉米那諾的巴士票，不管是搭火車，還是巴士，都需要在波西旁西（Poggibonsi）再

❶ 通往哪兒呢
❷ 可飲用的泉水

轉搭公車才可以抵達位於山腰上的聖吉米那諾,個人建議搭乘巴士比較方便,而且票價也比較便宜喔!

　　巴士停在聖吉米那諾古城門外時,真的以為自己搭乘時光機來到了中世紀,下車的這一刻讓我們馬上就愛上此地,不急著進城,因為我倆早已被城外一望無際的托斯卡尼美景吸引住了。天氣晴朗,田園被陽光照耀得更加翠綠,托斯卡尼風光展露無遺,相機快門按個不停。我們還偷聽到旁邊的遊客對話,一位遊客問她朋友:「你有沒有看過電影『托斯卡尼艷陽下』(Under The Toscana Sun)?這裡就跟電影裡一樣美麗呢!」在旁邊的我跟小白兩人相視而笑,心中肯定她們的對話,但實際看到的風景更是美得令人心醉呢!

緣分真奇妙

　　在城外流連了許久總算記起正事,城外都那麼折服人心了,那主角應該更是不容小覷吧?

聖吉米那諾的街道及建築依然保持中世紀時的模樣，建築物色調呈現灰色，頗有滄桑的氛圍，雖然看起來蕭條，但這裡在 1990 年被聯合國教科文組織列為世界文化遺產之一，偏遠的山城多了這份光環，慕名而來的遊客瞬間爆增數倍！商業氣息難免也沾染了城鎮，但比起其他的一線城市，聖吉米那諾的生活步調還是悠閒很多。

城內主要的路線非常簡單，從一進城的 San Giovanni 街開始

❶ 踏進中世紀的街道
❷ 百塔之城
❸ San Giovanni 街
❹ 與英國小夫妻合照
❺ 精美陶藝品
❻ 托斯卡尼產紅酒
❼ 造型義大利麵
❽ 可愛的玻璃瓶

往上走，就會接到水井廣場與教堂，沿路都是販售紀念品的特色小商店，而且價位都不貴。在這裡還巧遇了之前在威尼斯鐘樓上遇見的英國小夫妻，以為只是一面之緣而已，沒想到過了一個禮拜後又在此處遇見，令我們四人又驚又喜，只能說緣分這東西真是太奇妙了。

天啊！輸球了

　　這天世界盃足球賽義大利剛好出賽，視足球為第二生命的義大利是上一屆冠軍，為了繼續將冠軍獎盃留在義大利，原本靜謐的街道氣氛變得非常沸騰，不時出現加油棒喇叭聲及歡呼聲，還夾雜著我們聽不懂的喊叫聲，足球賽感染了整座山城，幾乎每一家商店都守著電視機，沒電視的就聽廣播，完全專注在足球賽上。

　　我們逛著商店，也沒人理我們，但很遺憾的，那天義大利輸了！氣氛從一開始的血脈賁張，到成績落後的緊張無語，直到最後輸球時，我們都感受到每位居民的情緒起落。我們也被這氣氛感染了，白白將冠軍獎盃拱手讓人，還真不是滋味呢！義大利人輸球的失落感完全不保留的表現在臉上，老闆無精打采的收錢，一副要死不活的臉，我們安慰他，但老闆仍然一副失望的模樣，只差沒有把鐵門拉下不做生意而已。我只能說，除了把妹之外，足球應該是義大利人最重要的一件事了吧！

單純的美味

　　山城最著名的美味就是新鮮菌菇類與山豬肉，尤其秋天最是當季，夏天就只能嘗到乾燥菌菇了，慕名已久的牛肝菌燉飯（Risotto di Porcini）更是令我嚮往不已。隨意在大街旁挑了家咖啡館坐下，點菜後等了約 15 分鐘才上菜，燉飯上桌時就聞到濃濃牛肝菌的

香氣，期待已久的我吃了一口，原來這看起來樸實無華的燉飯卻擁有深奧的好滋味，主要以義大利米加高湯小火燉煮，半透明還帶有米心的義大利米，伴隨著牛肝菌特殊的香氣，米粒香 Q 有嚼勁，越嚼越香，令我回味無窮，讓味蕾大大的滿足，真是幸福的滋味。

水井廣場

滿足味蕾的願望之後，繼續往上可以走到城內的中心──水井廣場（Piazza della Cisterna），廣場中央有座建於 1287 年的八角形水井。在義大利每一座城鎮都會有廣場，廣場雖小，卻是城內居民的生活重心，每個禮拜四早上還有市集呢！但我們太晚到了，實在有點可惜。廣場旁邊則是市政廳，內有市立博物館，還有聖吉米那諾城內唯一開放參觀的葛羅沙塔（Torre Grossa），高約 54 公尺，是城內最高的塔樓，一票可參觀博物館跟登葛羅沙塔，二合一真是太划算了。

❶ 不可錯過的好滋味 Risotto di Porcini
❷ 高塔包圍的水井廣場

登高望遠——葛羅沙塔

先輕鬆參觀博物館感受藝術的洗滌，之後再來挑戰腳力登塔，秉持著人要往上爬的精神，我們當然是義無反顧的往上衝，但不得不抱怨一下，葛羅沙塔因為年代已久遠，塔內還搭著鐵架補強，塔若不會倒何必搭鐵架呢？我們每爬一階，都慶幸塔還好好的，心驚膽戰的持續往上爬，換

來的結果是甜美的，透出亮光的塔頂在迎接我們，一時從室內換到室外，陽光照得眼睛睜不開，等眼睛慢慢適應了以後，絕美風光讓我們驚豔不已。

看著一望無際的托斯卡尼風光真是心曠神怡，從塔頂俯瞰帶著歷史色彩的磚造房子，感覺有點蕭條，托斯卡尼平原吹來的陣陣微風宜人，名不虛傳的托斯卡尼風光實在太迷人了。小白還自備了點心，兩人就在塔頂喝起下午茶，雖然只有簡單的蛋糕和白開水，但有如此迷人的美景相伴也就足夠了。

巷道探險

城內有許多小巷及不知通往何處的小隧道，未知的另一頭總是藏著許多驚喜，等著我們去發現。探索的同時還能窺探在地人的生活，不管是門前的涼椅，還是掛滿衣服的小庭院，都得天獨厚的擁有一大片景觀，當地藝術家則善用上天給的資源，將美景融入畫作與裝置藝術品裡，每一間畫廊或商店都各有其特色，令人不禁以為這裡人人都是藝術家！遺留的高塔與人民的生活更是密不可分，曬衣架就架在塔邊晾起

③

④

了衣服，與古蹟緊密結合。我最喜歡看到小巷道內擺了幾張桌椅就開始營業的店家，正對著一望無際的托斯卡尼風景再來杯小酒，美食與美景雙重的享受真是此生無憾矣！

我們在陰涼的巷道內席地而坐，看著街頭藝人賣力表演、坐滿了人的咖啡座，感受到聖吉米那諾城市雖小，但生命脈動卻如此旺盛。我們兩個旅人從地球另一端來到這裡，為的是放鬆並且拋開自己的現實壓力，卻也學習到如何過生活，讓自己從生活中得到更多創意與快樂，這也是此行最難得且最棒的收穫。

❶ 俯瞰古城
❷ 賣力演出的街頭藝人
❸ 探索古城
❹ 買幅畫吧

NOTE

交通

○巴士
SITA 巴士站位於翡冷翠車站廣場的西邊。
由翡冷翠至聖吉米那諾，時間約 2 小時，須在波西旁西換車，費用 6.25 歐元。
○火車
由翡冷翠至聖吉米那諾，時間約 2 小時，須在波西旁西換巴士，費用 7 歐元。

景點

○市政廳（含葛羅沙塔）
時間：3 至 10 月 9:30 ～ 19:00，11 月至隔年 2 月 10:00 ～ 17:00
費用：7 歐元

Siena

山 城 歲 月

①

西耶那

托斯卡尼省富盛名的中世紀山城西耶那（Siena），從翡冷翠出發，在巴士站買票遇見同樣來自台灣的兩個女孩——Sammi 與 Andrea，便相約一起結伴同遊西耶那。四個女孩在巴士上聊不停，互相分享哪裡有好玩、好吃的？車程約 2 小時，很快就在快樂的聊天中抵達了古城西耶那。下車處的 Gramsci 廣場是巴士停靠區，我們很隨性的沒帶地圖，反正跟著人群走一定不會錯，西耶那的建築依然保留著中世紀的模樣，石板路、磚造房子、紅瓦屋頂，散發出濃濃的古城氣息。

坎波廣場

在義大利最不用花時間找的就是大教堂。很輕易便找到西耶那最著名的廣場，就是呈貝殼狀的坎波廣場（II

❶ 石板路、磚造房子
❷ 市政廳與曼加塔

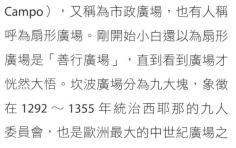

Campo），又稱為市政廣場，也有人稱呼為扇形廣場。剛開始小白還以為扇形廣場是「善行廣場」，直到看到廣場才恍然大悟。坎波廣場分為九大塊，象徵在 1292 ～ 1355 年統治西耶那的九人委員會，也是歐洲最大的中世紀廣場之一。坎波廣場很特別，呈扇形又有點向內傾斜，四周有許多餐館及高級旅館圍成一個廣場，是西耶那的市中心。雖然我們造訪的那天是雨天，廣場上遊客依然不減，露天咖啡座一位難求，中世紀古城果真魅力驚人呢！

歡樂噴泉很歡樂

在西耶那任何角落抬頭一看，都能看到一座高聳入雲的塔樓。在坎波廣場上那難以忽視的高塔，就是建於 1342 年、高 102 公尺的曼加塔（Torre del Mangia），當城市發生火災，或是緊急事故便敲鐘以通知市民，還可以購票登塔參觀喔！

廣場上有座雕工精細的噴泉，有著令人歡欣的名字──歡樂噴泉（Fonte Gaia），光聽名字是不是很令人欣喜呢？雕刻主題有「創造亞當」、「聖母與聖子」、「驅逐」等，據說是在中世紀黑死病猖獗後才興建的，原址本是一座維納斯雕像，但當時黑死病肆虐歐洲，人民覺得女神並沒有發揮保護的作用，一氣之

⑤

下拆了女神雕像改建噴泉，並取名為歡樂噴泉。當然傳說的真實度早已不可考，但搭配故事，馬上增添了歷史的趣味性。

在歡樂噴泉前小白跟 Sammi 要我幫她們拍跳躍的一瞬間，四人又跳又叫，周圍的遊客也帶著微笑看我們玩得不亦樂乎，歡樂噴泉的魔力真的會令人發自內心感到開心呢！

血脈賁張──中世紀賽馬會

西耶那不只是建築物保留了原樣，還保留了古老的傳統賽事，那就是最富盛名的中世紀無鞍賽馬會（Il Palio）。於每年的 7 月 2 日及 8 月 16 日在坎波廣場舉行，比賽氣氛非常激烈，令人血脈賁張，比賽期間城內會湧入大量遊客，所以住宿及交通最好預先安排，才能搶到最佳觀賞位置喔！此行義大利之旅，時間剛好符合賽馬會 7 月 2 日的比賽，本想熱血衝去觀戰，但離原訂行程地點差太遠，要當天來回太趕，只好打消這個瘋狂念頭了。

西耶那主教堂

從坎波廣場走一小段路就可以到大教堂（Cathedral），參觀教堂本身是免費的，但我們買了一張套票，套票包含可以參觀緊鄰教堂的歌劇博物館，還可以爬上博物館頂層欣賞教堂美麗的屋頂，眺

❶ 蕭瑟的氛圍
❷ 巷內也有餐廳，可惜沒開
❸ 廣場上的咖啡座
❹ 稍稍傾斜的坎波廣場
❺ 歡樂噴泉

望西耶那古城風光。

　　教堂外觀採用綠、白、紅及彩色的大理石，五彩繽紛的外觀，華麗度一點也不輸給翡冷翠的百花教堂，難怪這兩座城市自古以來都是相互競爭的對手。教堂的設計師是喬瓦尼皮薩諾（Giovanni Pisano），於 1196 年動工，喬瓦尼皮薩諾去逝時才完成了下半部，至十四世紀時才全部完工，哥德式教堂的特色就是將華麗表現得淋漓盡致。

　　教堂內最吸引目光的是地上五十六塊描繪《聖經》故事的彩色大理石地板，還有使用義大利品質最好的卡拉拉大理石所雕刻的講道壇。最特殊的是支撐教堂的大圓柱，顏色不是單一的，而是黑白雙色大理石，因為黑與白是西耶那的代表色，教堂大廳挑高，配上許多黑白相間的圓柱，高聳天花板上五彩繽紛的繪畫，華麗的程度讓人目不暇給。

　　教堂內還有一座皮克洛米藏書樓（Libreria Piccolomini），當時是為了羅馬教宗二世埃尼‧西歐維歐的眾多藏書而建造，書樓內有著濃濃的檀香味，我想應該是防止珍貴藏書受蛀蟲咬壞，因此書櫃都是珍貴的檀香木所製！藏書樓的牆面上也有許多生動的壁畫，非常值得一看。出了大教堂門口再往左邊的長廊走，可以到歌劇博物館（Museo dell'Opera del Duomo），也有許多精采畫作展出。

無畏風雨就是要往上爬

　　在博物館內有階梯可以通往頂層，爬上一百三十一級的階梯，接下來的美景絕對是值回票價。雖然是雨天，風也很大，還有點打雷，但是無畏風雨的我們登上了頂端，飄著小雨的感覺有點蕭瑟。但是大教堂華麗的屋頂，還有黑白雙色的鐘塔全都近在眼前，連坎波廣場也看得很清楚，無限延伸的托斯卡尼風光盡收眼底，實在是美不勝收。

　　在這裡遇見一位會講中文的美國爸爸，用著比我還標準的國語與我們聊天。原來他曾經在北京工作過，他的大女兒正準備來台灣當交換學生呢！全家都很喜歡中華文化，也難怪他的國語比我還標準！在西耶那除了感受古城的風情之外，還遇見這麼熱愛我國文化的外國人，也算是此行最有意義的事情了。

❶ 西耶那主教堂
❷ 祭壇
❸ 大教堂側景

NOTE

交通
○火車
　由翡冷翠至西耶那，時間約 1.5 小時，費用 6.4 歐元。
　抵達火車站還需步行或搭公車 8、9、10 號進市中心。
○巴士
　SITA 巴士由翡冷翠至西耶那，時間約 1 小時 20 分鐘，費用 6.5 歐元。

Taranto

海 神 之 子 創 造 的 城 市

塔蘭托

塔蘭托（Taranto）位於義大利東南部普利亞省，大約是義大利這雙靴子的鞋跟位置，面臨愛奧尼亞海（Mare Ionio），面積 2,437 平方公里，人口約 24 萬，古時候舊稱為 Taras，據説塔蘭托城市的由來，是海神的兒子 Taras 騎著海豚來到這裡，並創造了塔蘭托，目前是義大利重要的商業海港及海軍基地。

塔蘭托相較於義大利其他城市的華麗，這兒顯得平淡無奇，大多數遊客都是來此享用美味的海鮮，或是探望來此當兵的海軍們，我們來到這裡的原因卻很簡單，只是因為這裡離我們想去的阿爾貝羅貝羅（Alberobello）不遠，交通也很方便。多數人都會選擇巴利（Bari）前往，但這裡的青年旅館離車站近，而且價格便宜，基於我

❶ 海神廟遺留下的柱子遺跡
❷ 厚重的船錨

們的省錢至上原則，塔蘭托自然成了我們的第一選擇。

從那不勒斯坐了近 6 小時的火車，沿途經過的站名都不認識，火車上的乘客也越來越少，最後只剩下我們與列車長而已，抵達時外頭已經是一片漆黑了，不知道這個未知的城市會是什麼模樣呢？

❶

我會義大利文了耶！

車站外燈光昏黃，街道也冷冷清清，拿著地圖尋找早已預訂好的青年旅館，明明已經到了旅館所指示的廣場，還是沒看見我們要住的旅館，實在沒辦法，看見有家餐廳的後門開著就上前去詢問，但語言不太通，最後大家都好奇的湊過來，熱心的廚師們也都放下手邊工作，試圖弄懂我們要去哪裡？

就在大家雞同鴨講，我們正準備宣告放棄，腦海突然浮出之前住的青年旅館招牌上寫著 Ostello，我下意識脫口而出 Ostello 這個字，沒想到大家全聽懂了耶！

一陣歡呼，廚師歡欣拉著我們的手，指著廣場對面的 Stop 指示牌，往那邊走過轉角就對了，原來旅館就在那轉角的巷內，難怪我們找不著。

❷

❸

好不容易結束這舟車勞頓的一天，梳洗過後跟老闆閒聊才知道整間旅館只有我們兩個住客，這種事真是頭一遭遇到，獨占了整間旅館感覺還挺妙的。

像家一樣熟悉的城市

睡醒補足了精神的我們才開始準備認識塔蘭托，島上分為兩大部分——舊城區及新城區。我們住的地方位於舊城區，昨天抵達時已經是晚上，今早才發現塔蘭托的海湛藍且透明，天空跟海的藍色融為一體，分不出是海平線還是天際線，而海參和海星則悠閒地躺在清澈見底的海水中。四面環海的塔蘭托港盛產貽貝及肥美的牡蠣，路邊也有許多販售港口現捕海鮮的小攤，還有鎮上最有活力的魚市場，當天在塔蘭托灣現捕的魚貨都會聚集在這裡販售。我們走進市

❶ 塔蘭托市徽
❷ 指示旅館方向的牌子
❸ 總算找到青年旅館了
❹ 靜靜等待的釣客

①

場時，原本賣力吆喝的攤販都盯著我們兩個看，走到哪裡都會被注目，好奇我們兩個怎麼會來到這裡。

　　語言雖然不太通，但是比手畫腳也很有趣啊！大家都十分熱情且友善，尤其是一攤賣醃漬物、餅乾的小販，大方到讓我們不知所措，我們只是好奇他在賣些什麼？老闆招呼客人的同時一直請我們吃東西，醃漬橄欖、糖果，還有餅乾，我們不僅嘴巴在吃，手上也拿著他不斷遞過來的餅乾與糖果，雙手拿著滿滿的免費食物，盛情難卻的我們也買了好吃的香料餅乾，老闆豪邁的裝了滿滿一袋才收 3 歐元耶！如此的熱情在大城市中比較難以感受到，對來自南台灣的我們而言，這裡的感覺跟家鄉一樣自在，不但是軍事基地，也是海港城市，有純樸的人民、熱情的陽光、海風吹來的淡淡鹹味，彷彿回到家一樣親切。

新舊歷史的交錯

　　穿過魚市場後會看到建於十五世紀的碉堡（Castello
Aragonese），位於連接新舊城的橋邊守衛著全城，目前是由義大利
海軍駐守，須先預約才可參觀。很幸運的在入口處遇見一位軍官，
他看我們好奇對著碉堡內探頭探腦，便跟我們說可以進去看看，但
某些特定區域就不行了。進入碉堡後，我們隨處走走看看，廣場上
停了幾輛軍車，有個小房間擺放從愛奧尼亞海撈起來的一些古錢幣
及古物，還有內部坍塌有點像廢墟的房間。我們兩人卻是有看沒有
懂，因為來這裡參觀碉堡都是專人解說，所以沒有設立導覽設施，
我們帶的書也沒有加以介紹此處，只好簡單瀏覽看看就出來了，實
在有點可惜。

　　在碉堡對面則有塔蘭托海神廟遺留下的石柱，經過多次的世紀

❶ 寧靜的魚港
❷ 笑得開懷的蔬果攤老闆
❸ 起士攤伯伯
❹ 對我們很好奇的小販
❺ 熱鬧的市場

交替，目前碩大的古遺址僅存兩支石柱，仍然直挺挺的矗立著，四周還長了雜草，看起來也沒加以維護的感覺。兩支石柱孤伶伶訴說著塔蘭托的歷史，古遺址與周遭的房子幾乎融為一體，若不是有導覽指示牌，很容易就會錯過呢！

　　穿過連接舊城區與新城區的旋轉橋（Ponte Girevole）就到了新城區，我們從舊城區剛踏上新城區時，彷彿從鄉下走進大城市般截然不同，視覺形成強烈的對比。舊城區多是斑駁的舊建築，整體呈現一種濃厚的衰落氛圍；新城區則是新穎的現代建築，一棟棟塗著全新油漆的大樓，街道寬廣且乾淨整潔，街上到處可見穿著筆挺制服的海軍，窗明几淨的商店街，因為是海軍基地，所以軍用品店也很多。觀光客大多聚集在新城區，但是不知道為何？相較之下，我卻比較喜歡舊城

區的滄桑感，更富有人文歷史，且人與人的距離更接近，畢竟城市繁榮的景象大同小異，但城市的冷漠、距離感眾所皆知，舊城區的人情味才最令人難忘。

大啖生猛海鮮

塔蘭托最出名的還是海鮮，我們迫不及待想大啖鮮美的海鮮，但在這裡除了青年旅館老闆之外，能夠用英語溝通的人少之又少，最後決定把希望放在旅館老闆身上。他幫我們在地圖上畫出 La Paranza 餐廳的位置，還擔心沒有英文菜單，便在一張紙上寫了我們看不懂的菜名讓我們參考用，並請我們找一位 Angelo，叮囑他會特別照顧我們。老闆如此大力相助，讓已經連吃好幾天 Pizza 跟 Panini 的我們對今天的大餐更加期待了。

晚上七點走進餐廳，一進去馬上引起整間餐廳的注目，服務生及客人都盯著我們，好像我們是從外太空來的樣子，直到我們開口說兩位，服務生才回神趕緊招呼我們入座。菜單一打開，才發現有英文菜單呢！但是有英文菜單不代表他們會英文，我們才多問了幾句，服務生就如臨大敵的僵在那兒，在沒辦法的情況下，還是祭出了救命紙條指名找 Angelo。

服務生匆忙逃離現場去請 Angelo 出來，我們被晾在座位上乾等了約 15 分鐘，Angelo 總算出現了，開始為我們點餐。原

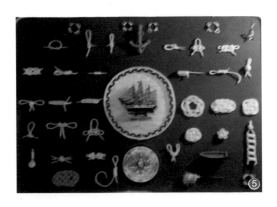

❶ 守護著塔蘭托的 Castello Aragonese
❷ 真可惜，古蹟都長雜草了
❸ 新城區新穎的街道
❹ 新城區的商店街
❺ 各式各樣的繩結

本我很想點海鮮燉飯（Risoto di mare），但燉飯的做法繁複且費時，餐廳規定至少要點兩人份以上才會做，可是我們又想吃不同的主菜，最後點了綜合海鮮義大利麵、貝類義大利麵，還有炭烤蔬菜。最後 Angelo 推薦我們當天在塔蘭托灣捕的綜合海鮮拼盤，令人非常期待。

　　餐點總算上桌，我點的麵鋪滿了綜合貝類，僅用橄欖油及少許香料調味，檸檬清香撲鼻，口感清爽順口。番茄口味的綜合海鮮麵鋪滿了海鮮，有甜蝦、貽貝、魚肉、蛤蠣等，番茄醬汁鮮美得令人無法抗拒，麵條煮得剛好，口感 Q 彈、有咬勁，調味清爽更能襯托海鮮的原味。接下來則是 Angelo 推薦的海鮮拼盤，有烤魚、蝦、炸綜合海鮮，都是當日在塔蘭托灣捕獲的，強調新鮮就是最高美味。炭烤蔬菜還排出一朵花的樣子上桌，非常可愛討喜，單純的美味令我們無法抗拒！每一道都好吃得不得了，緊鄰著港邊吃著最新鮮的海鮮，怎麼可能會不好吃呢？塔蘭托的海鮮果真名不虛傳！

　　用餐同時還有樂手現場演奏歡樂的義大利歌謠，客人們隨著節奏輕快唱和，氣氛歡樂且輕鬆愉快。吃飽喝足後，我們到港口欣賞夜景，聽說義大利的夜晚很危險？實際上錯過了夜景才真正可惜，街燈映照著塔蘭托港，點點漁火在靜謐的夜晚綻放光芒，涼涼夜風吹在臉上的熟悉味道，距離家很遠的義大利有像家一樣熟悉的城市，我永遠不會忘記的。

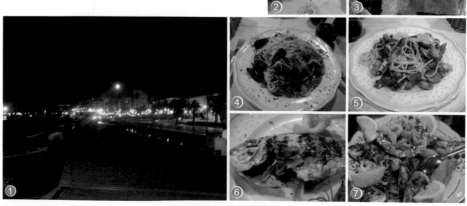

❶ 沿著步道散步　❷ 飯後清口檸檬雪露　❸ 開胃麵包　❹ 綜合海鮮麵　❺ 綜合貝類義大利麵　❻ 新鮮烤魚滋味棒極了
❼ 當日捕獲海鮮盤　❽ 不能錯過的港邊夜景

NOTE

交通

○ 火車
由那不勒斯至塔蘭托，時間約 5 小時，費用 28 歐元。

住宿

○ Ostello La Locanda
地址：Vico Civitanova （citta Vecchia）-74100 Taranto Italy
電話：+39 099 4760033
E-mail：info@ostellolalocanda.it

餐廳

○ Ristorante La Paranza
地址：74123 Taranto （TA） - 68, v. Cariati
電話：+39 099 4608328
○ Caffee Italiano
位於新城區供應不錯的三明治、沙拉及甜點。
地址：Via d'aquino 86a
電話：+39 099 4521781

⑧

Alberobello

原 來 是 逃 稅 天 堂 ?

①

阿爾貝羅貝羅

義大利普利亞省有一個很特殊的地方，擁有一個很饒舌的名字叫做阿爾貝羅貝羅（Alberobello），其原意為美麗的橡樹，所以又稱為麗樹鎮。

這裡擁有世界上獨一無二的蘑菇造型房子，就好像闖進電玩「超級瑪莉」的世界一樣，在 1996 年被聯合國教科文組織列入世界遺產保護地，這種奇特的建築物叫做土盧利（Truilli），其由來早已無從考究。房子是利用石灰團堆疊起來，沒有使用任何灰泥黏合，因此可以快速拆解並重新建造，據說這是古時逃避稅收的一種方式。當稅務員經過時，居民就迅速將房子拆掉成為一堆碎石塊，等查稅員離開後再重新蓋好，或者辯稱這只是倉庫，房子長這樣怎麼住人呢？所以就不用繳房屋稅了！睜眼說瞎話的功力高深，房價高漲時這招好像還不錯呢！

❶ 屋頂上的符號每一種都有其意義
❷ 漫步在土盧利中

　　阿爾貝羅貝羅是土盧利式村莊最密集的區域，約有一千多座土盧利房屋，從東南部的巴利當作出發點，或者是相反方向的塔蘭托亦可，車程約 1.5 小時，但要注意喔！FSE 星期天休息，因為義大利鐵路局是國營及民營共用的，某些連接城市與城市之間的小火車為民營，所以安排行程時記得避開星期天。售票處通常在火車站內的書報攤或香菸攤（Tabacchi），我們也是問了站務員才知道，票不是在火車站內購買，而要到車站外的書店購買。一陣狐疑的我們找到書店，才剛踏進去都還沒開口詢問，店員馬上就說 Alberobello ？果然是受過專業訓練的店員，幾分鐘後我們就買到阿爾貝羅貝羅的來回火車票了，店員還很親切的指引我們，出書店右手邊可以看到一個較小的月台，在那裡等車就對了。

　　火車上的乘客並不多，正確來說只有我們及一對老夫妻，後來陸續有人上上下下的，火車始終沒有載滿，沿途可以看到普利亞鄉間的景象，還有不時可見的土盧利房屋會突然進入眼簾，但我們的目的地是阿爾貝羅貝羅，抵達了連車站都很迷你的阿爾貝羅貝羅，還必須走一段路才會抵達鎮中心。站外很貼心的立了指

示牌，分成步行及開車兩種方式，導覽設施非常完整，我們是搭火車來的，理所當然選擇步行囉！

藍白色的童話國度

順著車站外的 Via Mazzini 直走，途中還會經過一間超市，價位是我們看過最低廉的，愛逛超市的我們非得買點東西塞嘴巴才肯繼續走，出超市後直走下了斜坡就會看到 Piazza Del Popolo。映入眼簾的是一片白與灰，還有天空藍所組合起來的小鎮，灰色圓錐狀的屋頂、白色的屋身，以及藍得不像話的天空，好像一剎那闖入童話國度般，可愛到心都快融化了。圓錐狀的屋頂就像是電玩「超級瑪莉」裡的蘑菇，所以我為它取了個更貼切的名字，就叫「蘑菇村」吧！我們抵達時剛好中午，拿出事先準備好的三明治，坐在廣場邊

❶ 前往蘑菇村的火車票
❷ 標示清楚的導覽牌
❸ 小巧的阿爾貝羅貝羅車站
❹ 好像戴著斗笠的小房屋

先填飽肚子，看著這如童話世界般的地方，期待等一下是否會在這裡遇見白雪公主，還是小紅帽呢？

你可以像我們一樣規劃當天來回的行程，或是想深入點也可以選擇在此過夜。鎮內有許多短期出租的土盧利房屋，提供世界各地的遊客來此體驗土盧利式生活，想感受住在土盧利房屋內的氣氛，這絕對是不能錯過的難得機會。

蘑菇村其實沒多少景點，人們主要是來一睹土盧利房屋的獨特風采。有些屋頂上畫有特殊的圖案，圖案各自代表著一些含意，據說有家族的族徽、宗教涵義、神話故事等多種說法，但現在最主要的作用就是跟門牌差不多。我倒覺得至少在喝醉酒時，看著全部都長一個模樣的房子，用圖案分辨就能輕易認出自己住在哪一間吧！而圓椎狀的屋頂不只可愛而已，還有儲水的作用，雨水順著屋頂流下，然後聚集在屋腳下的井，就達到儲水的功能了，是既環保又實用的好設計。

別有洞天的土盧利

　　在這裡隨處走走，度過一個悠閒的下午是很不錯的選擇，可以在土盧利房屋內用餐或喝杯咖啡，逛逛這裡的商店，有許多商店足以讓你買齊所有該帶回國交差的禮物，而且價位都很平易近人喔！大部分賣的東西都大同小異，如土盧利模型、存錢筒、明信片等。

　　有一家販售手工現場製作的土盧利模型，使用當地特有的石灰團，先敲碎成適當的大小，再用膠水黏合後做裝飾，一個可愛討喜的小土盧利就完成了，依大小有不同的價格，而且製作的工匠只是一位約十四、十五歲的孩子，卻頗有大將之風呢！店內除了擺設各種不同大小的作品之外，牆上也掛了許多舊照片，可以看到早期阿爾貝羅貝羅的模樣，也可以發現這家店歷史悠久，早期是父親在製作，現在則是傳給年輕的下一代繼續傳承。這一家生意特別好的原因，有可能是因為年輕弟弟特別可愛，吸引了許多婆婆媽媽前來參觀購買，連我們都忍不住也買回家做紀念。

❶ 專心織著毛線的婆婆
❷ 整片都是土盧利房屋
❸ 土盧利造型紀念品
❹ 每一種符號的意義
❺ 超有創意的再利用
❻ 小小工匠
❼ 手工土盧利模型
❽ 牆上的老照片

蘑菇村的居民都非常友善，很熱情歡迎遊客參觀他們的商店，就算沒有購買也是一樣，雖然有人說這裡早已商業化過頭，到處充斥著俗氣的紀念品店而失去原本純樸的味道，但能夠受到和善的對待，總比態度高傲、不理人來得好吧！例如我們只是被一張美麗的明信片吸引而駐足，老闆從裡面走出來歡迎我們進去參觀，我們不好意思拒絕便進去。進去後，驚訝發現土盧利房屋外觀小巧可愛，實際上內部則是非常寬敞，室內無樑柱，像電影「魔戒」裡的哈比屯一樣，不同的是土盧利屋頂較高，而且因為牆面都是白色的，陽光從窗外照射進來，室內不開燈也很明亮！

　　我們宛如劉姥姥逛大觀園一樣好奇不已，老闆還讓我們上去二樓，從二樓的陽台可以眺望整個磨菇村莊全景，圓錐狀的屋頂布滿全城，彷彿是一群戴著斗笠的房子，整個美景盡收眼底，我們一直對著老闆說：「So Beautiful ！」但不懂英文的老闆只是一直對我們傻笑，這個千載難逢的好機會讓我們相機快門按個不停，每一個角落都不肯放過，老闆都被我們拉過來合照，最後要離去時，老闆還害羞的要我們把相片寄給他呢！

①

享受無所事事的幸福

　　親切的蘑菇村，居民純樸可
愛，是個令人忘記煩惱的小鎮，天
空好藍、陽光和煦，隨意坐在路
邊寫著剛買來的明信片，午後的
陽光透過攀爬在屋簷上的葡萄藤
灑在我身上，暖和舒服得令人昏
昏欲睡。小貓咪躲在土盧利模型
裡打盹，窗台上的紅花歡欣綻放，
幸福的一瞬間，腦袋放空什麼也
不去想，就好好享受這無所事事的幸福吧！

❶ 整片的土盧利房屋
❷ 窗台上的綠意
❸ 窗台上的小紅花

NOTE

交通

○火車
　由那不勒斯至塔蘭托再轉搭 FSE 往阿爾貝羅貝羅，費用 30 歐元。
　由那不勒斯至巴利再轉搭 FSE 往阿爾貝羅貝羅，費用 43 歐元。
　FSE：www.fseonline.it，星期天休息。

住宿

○土盧利房屋出租網站
　Trulli Holiday：www.trulliholiday.com
　Trullidea：www.trullidea.it
○ le negazietta（紀念品店）
　地址：via monte S. Michele,32 -70011 Alberbello
　電話：+39 333 3510474

Sorrento, Pompei, Amalfi

坎 佩 尼 亞 海 岸 線

①

蘇連多、龐貝、亞瑪菲

義大利南部靠海的坎佩尼亞省（Campania）有著名南部大城那不勒斯、海妖的故鄉蘇連多、灰燼重生的龐貝城，以及歐洲最美的亞瑪菲海岸等，都是深受旅行者歡迎的地方，如此吸引人，我們當然也不會錯過。

當地政府也貼心的為旅客打造最優惠的旅行方式，在坎佩尼亞省境內的書局、車站都可以買得到坎佩尼亞卡（Campania artecard）。我們在那不勒斯車站的書店買了三天包含所有交通工具無限搭乘及兩間博物館任選只要 25 歐元的套卡，對精打細算的旅人來說，實在是非常划算。

❶ 風景絕美的小鎮
❷ 坎佩尼亞卡

歸來吧！蘇連多

　　從那不勒斯出發搭乘環線列車，終點站是蘇連多（Sorrento），沒錯就是那首著名的民謠「歸來吧！蘇連多」，歌曲背景就是這座優美的沿海小城，有一整條美麗的海濱步道，以及寬闊的商店街，Corso Itilia 大道有許多英式風格的酒吧與餐廳，非常適合輕鬆悠閒的度假。蘇連多在希臘神話裡被比喻為海妖的故鄉，傳說這個海域藏著半人半妖的海妖，每當船隻經過時水手都無法抵抗她們優美的歌聲，因而迷失方向葬身海底。

　　我倆從車站出來找到預訂的青年旅館時，一度認為眼前這間旅館不是我們的青年旅館，因為看起來太高級了！反覆確認地址還是不敢肯定，小心奕奕走進大

廳，大廳有如飯店般寬敞舒適，櫃台人員穿著筆挺的制服微笑看著我們，我們小聲的問：「Hostel ？」服務人員輕快的回答：「Yes ！」我們才鬆了一口氣，房間非常舒適寬敞，是獨立衛浴的雙人房，還有舒適的大床，一人才 20 歐元，兩人直呼真是賺到了。

　　蘇連多最熱鬧的地方是塔索廣場（Piazza Tasso），英式酒吧圍繞在廣場旁，每間酒吧都有賣英式炸魚薯條，若沒說這裡是義大利蘇連多，還以為來到了英國，原因是這裡在夏天旅遊旺季時，大多數都是來自英國的遊客，為了迎合客人，英式酒吧就越變越多囉！廣場上還有馬車可以乘坐，坐著馬車瀏覽蘇連多優美的街道，體驗貴族出巡的感覺，路旁的行道樹不是檸檬樹，就是萊姆樹，街道散發出淡淡清香。除了 Corso Itilia 大道有許多商店之外，曲折的小巷內有很多特色小店，雖然價格不便宜，但仔細尋找也是有物美價廉的小東西。

❶ 咖啡座高朋滿座
❷ 優美的街道
❸ 塔索廣場
❹ 搭著馬車感受當貴族的感覺
❺ 陶捏的可愛房子

重見天日的龐貝古城

　　環線列車會經過龐貝，所以我們隔天早上搭車往龐貝出發，參觀龐貝古城一定要全副武裝，所謂全副武裝就是防曬措施，還有補充水分，龐貝城占地非常廣闊，這些物品絕對是缺一不可的。

　　西元 79 年 8 月 24 日，這一天風雲變色，維蘇威（Mt. Vesuvius）火山爆發，火山熔岩瞬間掩蓋了建於山腳下的龐貝城，一夜之間龐貝城在歷史上突然消失了。1599 年一位挖掘河道的建築師發現了埋在灰燼下的龐貝，直到 1748 年人們才正式開始挖掘龐貝城，消失許久的龐貝城正式重現天日。瞬間毀滅卻完整保留了城市的一景一物，是人類史上重要的考古遺跡，也是最受歡迎的旅遊勝地。

　　龐貝車站雖小卻很熱鬧，都是為了一睹灰燼下重生的龐貝城，售票口人山人海。我倆以為持坎佩尼亞卡就可以通行，心中竊喜不用頂著烈日排隊買票，走到入口處帥氣的拿出卡片欲進入，工作人員馬上將我們擋下，原來還是需要排隊憑卡換門票呀！只好又乖乖的走回人海中排隊了。

　　售票中心很貼心，門票還附一張完整的地圖與導覽手冊。龐貝古城整體來說最主要景點就是挖掘出土的廢墟，踏入古城到處都是斷垣殘壁，但不難想像這裡曾經繁榮興盛過，目前挖掘出來的古遺跡都保留了當時模樣，火山爆發的瞬間湮

滅了龐貝城，岩漿覆蓋整座城市卻也完整保留城市的模樣，火山帶來了龐貝城的毀滅，卻留給後人珍貴的歷史遺跡。

已挖掘出來的房屋牆面上的壁畫色彩依稀可見，殘缺的廊柱一列列展現出龐貝曾有的風華，從挖掘出來的遺跡可知龐貝城在當時商業鼎盛，有兩座劇場、公共浴場，還有磨坊、酒吧、神殿，甚至妓院！完全顯示出龐貝城商業的輝煌年代，中央馬道的設計符合當時馬車通過的寬度，而中間有突起的三塊石頭則是為了下雨時讓行人不會弄溼腳而設計。麵包店的石磨、石窯，酒吧裡遺留在桌面上的錢幣，都反映出當時龐貝富足歡樂的生活。

❶ 一間間的民宅遺跡
❷ 出土的石像遺跡
❸ 龐貝遺跡
❹ 大劇場遺跡
❺ 可飲用的泉水

臉紅心跳妓院遊

　　龐貝城占地很大，觀光客很多，大多數都是團體遊，我們偶爾會混入團體中偷聽導遊的解說，也讓我們輕而易舉找到最有看頭的妓院！兩層樓的小房子比我們想像中還要狹小，二樓是服務貴賓專用的，一樓則是服務一般客人，有十間房間內各有一張石床，牆上畫著許多令人臉紅心跳的情色壁畫。從導覽手冊上得知，裡面的妓女都是來自奴隸，或是希臘及其他國家，為當時最受歡迎的場所喔！考古學家甚至還說，當年的龐貝城是個好色之城呢！由此可見一斑。

　　有些住家除了壁畫裝飾之外，較富裕的大戶人家還會有精緻的馬賽克鑲嵌畫，我們發現在地面上保存完整、表示內有惡犬的馬賽克地磚，真是令人非常驚訝，在兩千多年前就有如此的巧思，與我們現在的生活並沒有多大不同！還有當時的水源依然可以飲用，也是我們在這大熱天裡唯一的水分補給處，真是感激龐貝人的智慧呀！

毀滅後的重生

　　維蘇威火山爆發之前，共有約兩萬多名居民，火山快爆發時已經有許多居民逃離了龐貝城，而當時來不及逃難的人民皆與龐貝一起掩埋。直至今日，除了文物被發掘之外，罹難人民的遺體也一起隨著文物出土，但因人體遭遇火山熔岩高溫覆蓋，冷卻後腐爛在地表內成了無數空洞，考古學家挖掘時利用白石膏灌入空洞內，將人民與動物的形體完整保存下來，也真實顯示出死亡來臨剎那間的景象，非常令人震撼。看著那些蜷曲的人體、驚恐無助的表情，心裡一陣難過，覺得大自然的力量真的很可怕，望向遠方那看似平靜又美麗的維蘇威火山，如何能想像它就是造成龐貝城毀滅的凶手呢？

　　目前龐貝城已經修復約三分之二的遺跡了，考古行動仍然持續進行，不時可在城內看見修復及維護的工作人員，義大利政府每年

❶ 最受歡迎的妓院
❷ 牆上令人害羞的壁畫
❸ 在當時妓院是最受歡迎的去處
❹ 令人臉紅心跳的畫面
❺ 妓院內的壁畫
❻ 比想像中還小的房間
❼ 尚待整理的出土文物

撥很多預算來維護龐貝珍貴的遺跡。相對
的,當年若不是維蘇威火山的爆發掩蓋了龐
貝城,今日我們也不會站在此處,見證這些
如此珍貴的歷史文物。

亞瑪菲瘋狂巴士

搭車又回到蘇連多，連休息一會兒都沒有，馬上搭上前往亞瑪菲海岸（Amalfi Coast）的 SITA 巴士。亞瑪菲海岸是歐洲最美麗的海岸線之一，也是著名的度假天堂、海灘勝地，甚至在 1997 年將整條海岸線列為世界遺產呢！除了亞瑪菲海岸本身的美麗吸引人之外，前往亞瑪菲時必經的海岸公路更是公路建築史的奇觀呀！

巴士繞過層層的山路，一圈又一圈往上爬，繞過無數個驚險的髮夾彎，左邊是山壁、右邊是斷崖，從窗戶看下去只看到一整片湛藍的海，巴士彷彿懸在空中一般。而且義大利司機的開車技術簡直出神入化，轉彎不是煞車而是加速，與來車的相會毫不相讓，誇張的是我們的巴士跟對向車道的巴士卡住了！兩台車的乘客還可以互相打招呼，司機邊喊著信號邊移動車子，每移動一下車子就晃動一下，讓在巴士內的我心驚膽戰！看著在我右邊斷崖下的海，猛吞了

❶ 神殿遺跡
❷ 依然鮮豔的壁畫
❸ 內有惡犬的馬賽克地磚
❹ 龐貝古城遺跡
❺ 層層堆疊的房屋倚山而建

一下口水，直冒冷汗、心中狂念阿彌陀佛，再看看左手邊的小白，正睡得香甜，我真是羨慕她的神經大條呀！

　　撇開這驚險的一面，其實往亞瑪菲海岸的公路風景真是令人嘆為觀止，最佳位置就是上車右邊靠窗位置，整段海岸線美得令人驚嘆，無法移開目光，我雖然害怕但還是不想閉上眼睛，因為實在太美了！途中會經過倚山而建的小鎮波西塔諾（Positano），是電影「托斯卡尼豔陽下」女主角法蘭絲身穿白色洋裝追愛的美麗小鎮，特色是建築在峭壁上的房屋，蓋在山坡上的房屋層層堆疊，形成一幅特殊的景象，光是從巴士上欣賞就覺得很美麗，可惜時間不夠只好等下次有機會再造訪了。

貴死人不負責

　　歷經約 3 小時海岸公路急速狂飆，最後巴士緩緩開進亞瑪菲的停車場，到處是遊客及車子，遮陽傘布滿了整座沙灘，想在歐洲最美的沙灘上游泳看起來所費

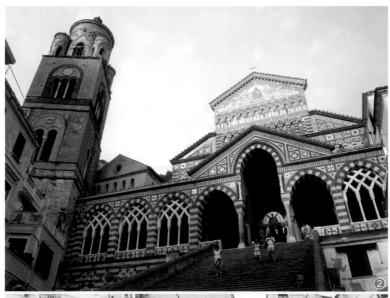

不貲。我倆走到亞瑪菲的市中心教堂廣場，小小的廣場上聚集了許多商店及高級旅館，亞瑪菲跟蘇連多一樣盛產檸檬與柑橘，到處都是檸檬製品，檸檬酒、檸檬肥皂等，感覺街道上都飄著一股檸檬清香！我們在咖啡 Bar 點了檸檬蛋糕及兩球 Gelato，坐在露天座位品嘗這亞瑪菲式的悠閒時刻。

❶ 歐洲最美麗的海灘之一
❷ 大教堂
❸ 廣場上很貴的 Bar
❹ 名產——檸檬蛋糕
❺ 小巷風情

①

　　亞瑪菲貴為歐洲最美麗的海岸線之一，也讓這個小鎮身價直漲，到處都是高級旅館與餐廳，堪稱有錢人的天堂，光是剛剛吃的蛋糕與兩球 Gelato 就要價 11 歐元，高消費實在讓我倆有點吃不消哩！走在這處處要錢的小鎮，讓我倆只能用眼睛拚命欣賞免錢的美景，至於紀念品只能看看就好。

　　亞瑪菲的大教堂廣場，也是最熱鬧的區域，建於十世紀的大教堂（Sant' Andrea Cathedral）雖然融合了多種風格，但主要還是呈現阿拉伯諾曼風的外觀，需爬為數不少的階梯上去，坐在咖啡座時，由下往上觀看時感覺教堂雄偉無比，但我們抵達的時間稍晚，教堂已無法入內參觀。

旅行的滋味

　　回到停車場邊的沙灘，我們坐在岸邊欣賞

②

著這個美麗的小鎮，擁有這片天然美景的亞瑪菲真是無比幸運。搭車回到蘇連多已經晚上十點多，還未吃晚餐，決定出外覓食，Corso Itilia 大道仍然很熱鬧，但卻沒什麼吃的可以購買。在巷道內亂晃找尋食物的蹤跡，總算在不知名的小巷內找到一家小吃攤，看著櫥窗內不知名的各種食物，每樣看起來都很美味，價格也不貴，隨意用手指點了兩樣炸的小點，才花 1.8 歐元，每樣都是剛炸起來熱騰騰的呢！

興匆匆回到房間大快朵頤，一個是炸馬鈴薯包著起士，另一個就是炸飯糰，都非常美味，當下決定明天再去買一些上車吃。隔天我在蘇連多的巷弄內找了許久，卻再也找不到昨晚那個有著紅棚子的小攤，好像憑空消失再也找不著似的。昨晚那飯糰的美好滋味只能留在腦海裡回憶，就好像旅行一樣，稍縱即逝的喜悅便在那無預期的驚喜裡！當午夜夢迴時，總是那意外的驚喜令人難以忘懷。

❶ 到處都是陶製紀念品
❷ 黃昏的海岸風光

NOTE

旅遊
○坎佩尼亞卡（Campania artecard）
www.campaniartecard.it

交通
○環線列車（Circumvesuviana）
由那不勒斯中央車站往地下道可連接環線列車車站。
環線列車每日從那不勒斯開往龐貝、蘇連多和其他城鎮，蘇連多為終點站。
欲前往亞瑪菲海岸，可搭環線列車至蘇連多下車，車站外有 SITA 巴士每日開往亞瑪菲海岸，約每小時一班。

Naples

規 則 ？ 閃 邊 去 吧 ！

那不勒斯

若要論整個義大利最有活力及最有魅力的城市,那不勒斯(Naples)絕對壓倒性獲勝,雖然沒有羅馬的遍地古蹟,也沒有翡冷翠的文藝氣息,更沒有米蘭的流行時尚,但以城市的活力及魅力來看,整座城市像個大菜市場的那不勒斯絕對當仁不讓,是南部第一大城,同時也是義大利人口最稠密的地區。我們僅停留短短一天一夜,隔天晚上就要搭夜車去西西里島,所以並沒有特別安排行程,早上從蘇連多來到那不勒斯,將行李安置到青年旅館後,帶著旅遊書兩人就出來探險了。

每一本介紹到那不勒斯的旅遊書都說這是個繁忙、吵雜,而且無規則的活力城市,但又說這也是那不勒斯最吸引人的地方,矛盾的說法令我們越來越好奇,而且在旅程所遇見的旅人也都向我們推薦那不勒斯,聽他們

❶ 斑駁的牆面
❷ 都是老舊的建築物

興奮的描述，建議我們一定要來體驗這個有別於其他城市的喧騰。對我來說，那不勒斯不只是有活力而已，而是精力過剩啦！

　　馬路上的車子橫衝直撞，要過去對街絕對要很有技巧的什麼都不想就快速通過，車子你來我往的根本分不出汽車道與機車道的差別，更別說是人行道。機車在汽車流間找縫隙鑽，路邊的紅綠燈絕對是裝飾用，源源不絕的喇叭聲響徹雲霄，至於行人要過馬路請自己想辦法找空檔吧！但很奇怪的是，在這交通亂象裡，當地人卻可以無視快撞上了的車子，視若無睹的走過對街耶！

　　那不勒斯街道上到處都是看起來搖搖欲墜且牆壁斑駁的舊建築，空氣中瀰漫著一股異味，這裡跟台灣不同，台灣實施垃圾不落地，可是在義大利街道有許多垃圾子母車，晚上固定會有人統一運走，若不幸垃圾車滿了的話，就是丟在外面啦！而位於南部的那不勒斯，天氣非常炎熱，可想而知，那味道有多麼豐富呀！可是，這裡的人早已習以為常了，在此地似乎沒有秩序可言，一切看來都很混亂，又亂中有序，這種極端的城市風貌卻也相當吸引人不是嗎？

隨意過生活

　　那不勒斯獨有的生活方式深受許多旅人喜愛，當地人不受規範拘束的生活態度更是吸引人，你能看到真正在地的生活，毫無保留的呈現在你眼前，而不是包裝過後的。我喜歡衣服隨意曬在窗台上的樣子，而街頭的魚販、水果攤、雜貨店外擺滿日常所需的一切，一眼就可以看穿在賣什麼，感覺很親近在地生活，非常平易近人，有別於其他城市的緩慢及規律步調，那不勒斯的混亂確實與眾不同。

❶ 車子隨意停的街道
❷ 獨樹一格的曬衣法
❸ 路邊的魚店
❹ 檸檬汁小攤
❺ 街角的蔬果攤

披薩的故鄉

　　許多人說那不勒斯很少讓食客失望，生活的享受表現在絕佳的美食上。美食耶！怎麼可以錯過，而且這裡可是披薩的發源地喔！非嘗試不可。那不勒斯街頭除了偉士牌機車很多之外，披薩店更是多得數不清，真不知要挑哪一家才好，整個那不勒斯根本就是一家披薩店吧！我們找到有一百四十年歷史的老店，號稱是那不勒斯最好的披薩店，只做兩種口味的「Da Michele」，離火車站並不遠，我們循著地圖尋找傳說中那不勒斯最棒的披薩店，經過一番問路及小巷之間亂走後，總算在某條巷底看見一點都不起眼的招牌。

　　下午時分，正好是餐廳離峰時刻客人較少，所以廚師就在店門外抽菸休息，看到我們兩個好不容易找到這裡開心都表現在臉上，廚師也跟著我們手舞足蹈，主動跟我們合照留念。餐廳內沒有華麗的餐桌，也沒有高雅的裝潢，反而有點破舊，就是一般家庭式餐館。牆上掛著許多名人來此的照片，更證明了餐廳的名氣

不假，貼在牆上的菜單價格平易近人，如果你來到這裡點夏威夷披薩，還是綜合披薩之類的，不好意思，這裡統統都沒有啦！Da Michele 從 1870 年 開 店 以來，就只賣兩種口味而已，即有起士的 Margherita，以及沒起士的 Marinara，餐廳的官方網站還很豪氣的寫說，No Junk！意思就是他們絕不添加其他材料來破壞披薩的原味，雖然生活隨性自由，但那不勒斯人對食物可是一點都不馬虎喔！

我熱愛起士，我們點了兩個 Margherita，每一個披薩全部都是現點現做喔！看著廚師拿起麵團甩個幾下，俐落的身手不一會兒工

❶ 披薩名店 Da Michele
❷ 傳統披薩烤爐
❸ 披薩上桌了
❹ 用手比一比就知道披薩有多大
❺ 牆上有許多照片
❻ 也有提供外帶喔

夫就變成薄薄的麵皮了，再抹上吸飽了陽光的番茄所做的番茄醬，撒上起士和幾片羅勒後，送進石頭烤爐烘烤，烤爐內的溫度高達攝氏 300 度以上，幾分鐘後熱騰騰的披薩就出現在我們的桌上。披薩上桌後兩人都傻眼了，尺寸比我們號稱是大餅臉的臉還要大兩倍耶！而且一個才區區 5 歐元，跟我們在其他城市一片賣 3 歐元相比，兩人直呼太便宜了。披薩上綠色的羅勒葉、白色的麵皮、紅色的醬汁，這不正是義大利國旗的顏色嗎？

　　那不勒斯最好的披薩味道如何？我只能说，這是我吃過最好吃的披薩了！在台灣有許多配料深植腦海裡的披薩印象，統統站到一邊去，這裡的披薩完全不同，簡直可説是披薩的祖先。餅皮上沒有一堆料來搶戲，只有單純的好味道，你能想像餅皮還有淡淡的麵粉香氣嗎？餅皮又香又 Q，而每一口醬汁都保留著帶有陽光氣息的番茄酸甜、莫扎瑞拉起士的奶味濃厚，幾片點綴的羅勒更是突顯整個披薩的香氣及美味度，最棒的披薩也不過如此了，整整有 12 吋大，我倆埋頭苦吃了很久，還是吃不完，奇怪的是那不勒斯人不管大人或小孩，統統都是一人一個沒問題，真是做披薩厲害，連吃披薩也不容小覷呢！

我愛街頭小吃

　　隔天我們搭地鐵來到了但丁廣場，廣場上的但丁像被塗鴉得亂七八糟，讓我開始同情但丁，不過我們對廣場沒什麼興趣，倒是對周圍的攤販及商家有很大的興趣。

　　對於喜歡逛小攤子的我們，那不勒斯城是很好逛的城市，不像其他城市到處都是昂貴的名店街，這裡逛起來很沒有壓力，也不用擔心穿得不夠體

❶ 滿滿的才 1.5 歐元
❷ 很夠味的麵包捲
❸ 好吃的炸通心粉
❹ 很好逛的那不勒斯

面，輕鬆自在的到處走走看看，小巷弄內有很多攤販及店家，東西琳琅滿目讓我們看得眼花撩亂，尤其街頭小吃最吸引我們，有義大利麵、捲餅、油炸麵包、披薩，每一樣都看起來好美味。最重要的是價格超便宜，這麼平民的價格，小白馬上買了一盒番茄筆尖麵大快朵頤，滿滿一盒才 1.5 歐元，我則偏愛炸飯糰，炸飯糰是將燉飯包起士捏成梨子形再裹麵包粉油炸，也可以包通心粉下去炸，方便攜帶又好吃，一個才 1 歐元，真是既經濟又實惠的小吃，還有鹹麵包捲，麵皮包了鹹肉與蔬菜，口味非常重。我們從早吃到晚，真是太滿足了。

甜美的誘惑

　　我倆悠閒的吃吃喝喝很快就到了晚上，要搭夜車前往西西里島，將行李托運

到車站後，無聊的我坐在椅子上看著旅遊書等待，看到該書作者有
特別推薦的甜點店，查看了一下地圖好像不遠，問小白想不想試試
看？她看了一下書上寫的店名，然後就指著對街的三角窗說，是那
一家嗎？我看著書上的店名，抬頭對照一下招牌，真的是耶！真是

❶ 經濟實惠的小吃攤
❷ 每一樣看起來都很美味
❸ 甜點的天堂

❶ 招牌甜點
❷ 溼潤帶點橙香的內餡
❸ 罪惡櫻桃派
❹ 內餡飽滿，可是真的有夠甜
❺ 交通非常混亂

美食得來全不費工夫。

　　書上推薦的甜點店 La Sfogliatella，就在火車站對街三角窗處，櫥窗內擺著許多美麗又吸引人的甜點，連不愛吃甜點的我，都忍不住被吸引了，招牌甜點則是 Sfogliati Frolla，買了一個來嘗鮮，有點像小圓麵包，外皮稍硬口感像蛋黃酥，內餡則溼潤鬆軟有淡淡的肉桂及柳橙香，還滿好吃的，但一個要 1.2 歐元，到現在我還是百思不解，為什麼甜點要賣那麼貴！是不是因為 La Sfogliatella 的櫥窗太美麗，每樣甜點都裝飾得令人垂涎三尺，對路過的旅人招著甜蜜的小手，因此小白又忍不住誘惑，買了一塊裝飾很美的櫻桃派，竟然要 2.7 歐元耶！她的藉口是，要坐 10 小時的車，肚子一定會餓。拗不過她，就外帶櫻桃派上火車，跟短短停留一天的那不勒斯説再見，前進西西里島囉！

　　往西西島的夜車啟程才不過 2 小時，小白興奮的拿起櫻桃派，不顧形象咬下一大口，隨即臉色大變，直呼糖是不是不用錢呀？甜爆了啦！她硬逼我吃一口，讓本來就不愛吃甜點的我，甜到臉都僵成一團，馬上舉白旗投降，結果那塊 2.7 歐元的櫻桃派，就這樣被打入保鮮盒冷宮去了！往後的日子我看到那塊保鮮盒裡的櫻桃派，就用幽怨的眼神看著小白，你的派在呼喚你了，然而小白只會一直遮著耳朵説，聽不到，聽不到哩！後來那塊打入冷宮的櫻桃派下場就別説了吧！

NOTE

交通

○火車

那不勒斯為南部鐵路中樞可連接到義大利許多城市。

由翡冷翠至那不勒斯，時間約 3 小時。

由羅馬至那不勒斯，時間約 1.5 小時。

餐廳

○ Pizzeria Da Michele

地址：Via Cesare Sersale 1

電話：081 553 92 04

○ La Sfogliatella （甜點店）

地址：Corso Novara l

電話：081 2856 85

電話：+39 099 4521781

Palermo, Agrigento

西 西 里 島

①

巴勒摩、阿格麗眞托

大家對西西里島（Sicilia）的印象，應該還停留在是一個治安不好、充滿黑手黨的邪惡之島吧！現在你若還有這樣的觀念，那就大錯特錯了。現在的西西里島早已擺脫黑手黨的陰影，惡名昭彰的名聲早已被西西里島真正的內涵洗清，成為義大利最吸引人造訪的島嶼之一。揭開長年被陰影遮蓋的西西里島，讓我們一起來探索這座神祕之島吧！

當我們還在義大利本島時，所遇見的每一位義大利人，問他們對南義與西西里島的看法時，得到的答案幾乎都是相同的，那就是——黑手黨都跑去北義了，北義的油水也比較多，而且南義比較窮啊！留在這裡並沒有搞頭啦！但他們也認真的叮嚀我們，雖然黑手黨已經消失了，但還是偶有小偷及機車搶劫的案件，所以我將行程

❶ 諾曼風格的圓頂
❷ 開往巴勒摩的夜車

安排到西西里島也不免稍微擔心呢！雖然路途遙遠又有未知的危險，但是換個方向想，安全的問題在每一個國家都會發生，如果因為這樣而放棄探索神祕的西西里島，那不就太可惜了嗎？只要加以防備，也不是什麼大問題啦！

天啊！痛苦列車

要從義大利本島前進西西里島有三種方法——飛機、火車、渡船，我們選擇了最經濟的方法就是搭火車。在還沒上火車之前，我真的以為這個要坐 10 小時的火車應該不會太差，所以才會選擇了搭夜車前進西西里島，為的就是徹底利用火車聯票及省下一日的住宿費，體驗自以為會很舒適的夜行火車之旅，沒想到，當火車緩緩的開進那不勒斯車站，我看著車廂內密密麻麻的人群，以及有點破爛的車廂，心都涼了半截。

匆匆忙忙的將自己與行李送上車，好不容易穿越了滿是行李與旅客的狹窄通道找到我們的車廂座位，我心中在火車上好好睡覺的美夢早已灰飛煙滅。因為這小小的車廂裡要擠加上我們共六個人，冷氣不夠涼，菸味夾雜著汗臭味，整個車廂內超級悶熱，簡直媲美印度的逃難火車，想開窗戶透透氣，但火車行進中的噪音尖銳又大聲，就變成要開窗與不開窗的尷尬局面，想到這種痛苦的時間整整有 10 小時，我都快暈倒啦！

與我們同座的還有一對來自西班牙的情侶，他們更淒慘，從羅馬搭火車過來，

所以來到那不勒斯前，他們早已經被折磨了 2 個多小時。看他們也是一臉疲態，但女生非常健談，我們一起聊天討論著，真不敢相信義大利的火車竟然那麼擁擠又糟糕，真是太誇張了。原本我們還打算買臥鋪票的，但還好沒有花兩倍的錢買臥鋪票，因為聽說並沒有好到哪裡去。

什麼？火車開上船了

　　雖然痛苦難熬，火車依然在暗夜裡往西西里島前進，我們只能閉目養神等待時間慢慢過去，不知大約過了幾小時，我發現火車行進的速度改變，變得很慢，而且還一下前進、一下後退的，我才突然想起，對了！朋友曾告訴過我，前往西西里的火車有一段是火車會進渡輪喔！讓船載著整列的火車，越過義大利本島與西西島中間相隔的海域。

❶ 滿滿人潮的車廂
❷ 火車開進大渡輪內

　　我好奇的離開座位，走到外面的通道，發現早已有乘客拿著相機靠在窗邊，一旁的先生告訴我，火車準備要拆解上船了！我趕緊回我的座位拿相機，並且叫醒睡夢中的小白，我們兩人趴在窗邊看著火車一節節分開，然後再一節節滑入船艙內，等到所有的列車都進入船艙，渡輪就開動了，乘客還可以下車走到甲板上透氣呢！

消失的水壺！

　　坐了幾個小時的痛苦列車，能夠上甲板透氣伸展筋骨真是太好了，約了同座的西班牙情侶，只有女生跟我們一起上甲板，深夜的海面風還滿大，雖然是 7 月了仍然有一點涼意。從甲板上看見本島的漁火，以及越來越接近西西里島的點點燈光，感覺很奇妙。這艘渡輪不只可以載運火車，還可以載運汽車喔！開車到本島最尾端的勒佐卡拉布里亞（Reggio di Calabria），然後上渡輪到西西島最前端的

美西娜（Messina），超方便的。

航行的時間約 25 分鐘，在快接近時就趕緊回火車上坐好，一回到座位，西班牙情侶的男生卻跟我們說，剛剛他在半夢半醒時，隱約感到有人進來翻東翻西的，他以為是我們其中一人回來拿東西，睜開眼睛要再看清楚時，那人拿了一樣東西就走出去了。

我們聽聞後嚇了一跳！趕緊翻找放在架上的行李，並且慶幸重要的東西都放在身上的小背袋，但發現原本放在椅子上裝滿水的水壺竟然不見了。我與小白面面相覷，偷走水壺幹嘛？後來問人才知道，可能是這列火車行駛時間很長，車上也沒有販賣機，而且停站的時間非常短暫，因此有沒東西吃及沒水可以買的情形，就會有人順手牽羊這些小東西，也因為偷走的東西都沒多值錢，所以很少有人追究，聽完這個奇怪的理由，我們也只能自認倒楣啦！還好不是重要的東西被偷就是了。

經歷這個小風波後，我們也正式抵達西西里島了，火車經過重新組裝車廂，再重新啟動行駛在西西里的土地上，我們也累得靠在椅子上試著讓自己可以睡著，距離我們的終點巴勒摩（Palermo），大約還有 6 ～ 7 小時，頭腦昏昏沉沉的狀態下，天漸漸亮了，從車窗看出去，清晨的西西里風光如此美麗。經過了 10 個多小時的折騰，總算抵達了西西里島第一大城巴勒摩，準備揭開西西里島的神祕面紗吧！

失色的普雷托利亞噴泉

巴勒摩為西西里島首府，也是島上人口最多的城市。住的旅館外面 Corso Vittorio Emanuele 與 Via Maqueda 十字路口，是著名的

❶ 船上的工作人員
❷ 一節節的車廂都進船艙了
❸ 還可載運汽車

①

②

景點，稱為四角區（Quattro Canti），建於
1608 ～ 1620 年間，主題是西西里的四位國
王與聖人，以及下方代表四季的三層巴洛克
風噴泉。在車水馬龍的路口有如此富歷史性
的古蹟，就算再繁忙的人經過這裡，也不禁
停下腳步駐足欣賞。

　　距離四角區不遠處有普雷托利亞廣場，
廣場上有著名的普雷托利亞噴泉（Fontana
Pretoria），可是當地人卻稱這座華麗的噴泉
為「羞恥之泉」，他們認為這些裸體少女雕
像帶著淫蕩的眼神，讓規規矩矩來噴泉對面 Teatini 教堂做禮拜的市民非常不能接
受，因此才取了這個名字。

　　巴勒摩居民好像對噴泉真的很不滿，還是剛好碰到令我們不解的事情，原本該濺起美麗水花的噴泉，早已乾涸，失去了色彩，裸體少女雕像的表情顯露了孤獨與無奈，甚至有些雕像已經斷頭，還有抗議的布條掛在某幾尊雕像上，讓應該是美麗且壯觀的噴泉完全失色。我們還刻意近距離觀察雕像，東看看、西看看，實在無法將羞恥與淫蕩跟這些雕像一起相比擬，種種很糟糕的景像讓我們既失望又覺得可惜，只象徵性拍了幾張照片就離去。

傳說中的露天烤肉攤

　　離開令人失望的羞恥噴泉後，我倆漫無目的走在巴勒摩街頭。從昨晚搭車後就再也沒進食，肚子咕嚕叫，胃腸急需食物的撫慰，書上說巴勒摩街頭有許多特色小吃，可是我們走了

❶ 三層造型的四角區
❷ 最底部的四季噴泉
❸ 失色的噴泉，還有抗議布條

那麼久卻一家都沒看到。不死心的我們，繼續忍著飢餓在大街小巷內尋覓食物的蹤跡，突然遠處的巷弄內冒出陣陣濃煙，好奇的我們往前走去，還未走到就聞到陣陣香味，心中一陣大喜，加緊步伐往香味來源奔去，發現在熱鬧的巷弄間架了兩個烤肉台，以及擺滿了肉與蔬菜、海鮮的台子，幾張桌子就隨意擺在路邊，這便是傳說中的巴勒摩露天烤肉攤。

　　各式各樣的肉品、海鮮，現場在烤肉架上烹調，香氣四溢，我們看得口水都快流出來了。在旁觀察了許久發現烤腸子最受歡迎，這其實是當地人常吃的小吃，叫做 Stigghiola，將整條羊腸灌入香料後炭烤得又香又酥，光看就很美味，難怪那麼受歡迎。馬上點來試試看，老闆豪邁的

拿起一大串腸子在烤肉架上大火炭烤，再用剪刀剪成小塊，鹽巴及萊姆依喜好自己調味，先試了一串，腸子烤得外酥內多汁，很有嚼勁，大口灌下可樂，通體舒暢呀！

　　吃到熱騰騰的食物實在令人太感動了，飢腸轆轆的胃頓時溫暖了起來，意猶未盡的再加點一份烤雞肉夾麵包，麵包意外的超 Q 彈，夾了多汁雞肉的麵包卻不軟爛。特別的是島上的 Gelato，除了甜筒裝之外，還可以夾麵包，就跟台灣常吃的銅鑼燒冰很像，不同的是這兒的麵包香 Q 有嚼勁，兩者配起來真是絕妙！

市區巡禮

　　星期天的巴勒摩好多商店都沒有營業，我們在冷清的街上行走，廣場上好幾對新人在拍婚紗照，還有剛舉辦完婚禮的教堂外地上都是彩色碎紙花，想必剛剛一定很熱鬧吧！

❶ 香味的來源——烤肉攤
❷ 巷尾冒出陣陣的濃煙
❸ 各式各樣的肉品、香腸
❹ 麵包夾雞肉
❺ 特殊的麵包夾冰淇淋
❻ 巴拉洛市集
❼ 甜蜜的新人
❽ 馬西摩劇場雄偉的正面
❾ 諾曼風格的馬西摩劇場

　　閒晃到馬西摩劇場（Teatro Massimo），這是義大利境內最大的歌劇院，也是歐洲排名第三大的歌劇院，僅次於巴黎歌劇院與維也納的州立劇院。在歌劇院後面有個巴拉洛市集，賣著廉價的衣服與物品，但也因為假日而冷冷清清，閒晃一圈沒收穫的走到了大教堂（Cathedral）。這座風格特殊的教堂結合了阿拉伯諾曼風圓頂、哥德風尖塔，在1184年主教下令開始擴建大教堂時，本來是一座清真寺，而清真寺原本就蓋在一座古教堂上，主教花費了許多心思與金錢建造，加上後來經歷過許多不同風格時期的擴建，演變成如今看到的多種混搭風格大教堂。

是牛皮，還是牛脾呢？

　　在街角小店看到貼在牆上、很像漢堡的圖片，就過去指著圖片說，我要這個，老闆就在他面前的鍋子拿起一團黑黑的切片。我好奇湊過去看看，想起這也是書上介紹的街頭小吃之——牛脾堡（Pane Ca Meusa），做法是將牛脾臟先煮軟然後油炸，切薄片用檸檬汁調味後夾麵包吃，麵包跟牛脾臟，是非常奇怪的組合吧！

　　我跟小白說：「這就是牛脾堡啦！」她卻一直跟我說：「牛皮堡？牛皮能吃嗎？」我啼笑皆非的說：「是牛的脾臟啦！」她才恍然大悟：「你一直說牛脾，我以為是牛的皮啦！」連續兩種小吃都是內臟料理，發現南義的飲食文化跟亞洲有點像呢！不浪費任何可以吃的部位，那麼這道牛脾堡味道如何呢？吃起來說不上特別，但麵包香Q，

牛脾臟燉軟仍然很有彈性，淡淡的檸檬香味挺清爽，麵包與牛脾兩者合一也是意外的搭配。

諸神的居所——阿格麗真托

搭火車接著去西西島上的另一個城市，有諸神居所美名的城市——阿格麗真托（Agrigento），是僅次於希臘以外擁有最多希臘文物的城市。從巴勒摩出發搭火車約 2 個多小時，我以為巴勒摩已經夠炎熱了，沒想到阿格麗真托更勝一籌，越接近阿格麗真托的地方，植物就越稀少，但是仙人掌卻越來越肥大。抵達後馬上就感受到熱浪來襲，讓我有想躲回火車的衝動，怕曬黑的小白還戴上帽子加墨鏡，甚至還有口罩，又穿著外套，全身包緊緊的奇怪裝扮讓路人一直頻頻回首看我們，一定心想那兩個亞洲女生真奇怪。

阿格麗真托被希臘抒情詩人 Pindaros 喻為人間最美的城市，最主要的景點就是神殿谷（Valle dei templi），在 1997 年正式登錄聯合國教科文組織世界文化遺產。我們在 B&B 放下行李後，就出來車站外的 Marconi 廣場等車，橘色的 1、2 號都可以抵

① 混搭風的大教堂
② 哥德風格的尖塔
③ 牛脾與麵包的奇異結合——Pane Ca Meusa
④ 阿格麗真托車站
⑤ 車站外的 Marconi 廣場

達神殿谷，車程約 20 分鐘，我們還在車站的商店買了一大罐礦泉水預備著，真擔心熱死在神殿谷內！

宛如沙漠般的神殿谷

　　巴士一抵達了神殿谷，我覺得買礦泉水真是正確的做法，一眼望去，整個考古區幾乎沒有遮蔭處，一望無際的考古區，像個超級大烤箱一樣悶熱，氣溫之高令人有點卻步。下車處附近我們以為就是售票區，正走過去要買票，工作人員卻告訴我們：「這裡是出口喔！售票處要再往下走。」我們左看右看的，所謂往下走是往哪裡走？不懂的我們又去問了附近的商店，老闆指著巴士開走的方向，我們依照方向走，但路越走越荒涼，路旁都是肥碩的仙人掌及黃土風沙，車子從我們身邊呼嘯而過，我頓時懷疑前方真的有盡頭嗎？

　　頂著大太陽持續走了 20 分鐘，總算看到所謂的售票口，竟然是在路的盡頭左手邊、看起來像臨時搭建的木屋裡，我們兩個嘴裡咕噥著，這也太不起眼了吧！剛走進售票處，售票小姐就說：「博物館已經休息了，只剩下露天考古區可以參觀喔！」我們驚訝的說：「不是這樣吧！」但售票小姐說：「可以先購票參觀戶外的考古區，博物館明天再補參觀不需要重複買票了。」

①

我與小白到旁邊
討論了一下，明天中
午就要離開這裡，根
本沒太多時間可以看
博物館，天氣真的很
熱，光走那 20 分鐘的
路程，就快把剛買的

水喝光了，而且神殿谷占地非常遼闊，要 1、2 小時內走完簡直不
可能。因此我們決定不進去了，但還好神殿谷是完全露天的，在外
面也可以看到建於西元前 250 年的海克拉神殿（Tempio di Ercole）
僅剩的八支柱子，還有保存最完整且最大的協和神殿（Tempio della
Concordia），我們在外面拍了一些照片，證明我們到此一遊，也算
稍稍彌補了沒進去參觀的缺憾。

光廊城市

回到市區煮了簡單的晚餐，吃飽後由我們住的 B&B 外面的斜坡
往上走，有個很棒的觀景台，還有幾張涼椅供人閒坐，因為晚上的
神殿谷還會特地將古遺跡打上燈光，燈光襯托著神殿谷更加絢麗。
斜坡旁的圍欄邊蓋著帆布的木造亭子，白天看不出來是什麼，到了
晚上拿掉帆布後就成了熱鬧的 Bar，是小酌及看夜景的絕佳去處。
我們先往山坡上的街道走進市區，現在正是晚餐時間，商店都休息
了，露天餐廳高朋滿座，整排街燈點綴了無人的街道，光影照射街
道形成美麗的光廊，更增添夜晚神祕的色彩。

再走回斜坡上的觀景台，天已經完全黑了，附近的 Bar 每一間
生意都很好，我們找了張空椅子欣賞神殿谷夜景，可以清楚看到神

❶ 外型最完整的 Tempio della
Concordia
❷ 僅剩八支柱子的 Tempio di Ercole

殿喔！沒了日間逼人的暑氣，神殿谷看起來比較沒那麼可怕了。

在隔壁椅子有兩個中年男子好像喝醉了，為了要引起我們的注意，嘴裡念念有詞，還加上動作，我看了很久才猜到他在表演成龍啦！真的很好笑耶！不過，不可否認中國功夫帶給外國人的影響確實很大。

而另外一張椅子上則是兩個老婆婆及一個老先生，他們對我們也很好奇，一直跟我們說話，雖然我們都聽不懂，光靠單字和比手畫腳來對話，好像也都懂了。最後要離開時，還對我們臉貼臉擁抱道別呢！這種感覺就像是認識很久的朋友一樣親密，讓我們倍感窩心。

超值早餐

早上一打開房門就被眼前的景象嚇了一跳，因為在我們的房門外掛著一個超級豐盛的野餐籃，有麵包、一整桶玉米片、水果、小餅乾、吐司脆片、小蛋糕，還有一壺咖啡及果汁等。這麼豐盛卻只是 39 歐元住宿所附贈的免費早餐，真是太超值了，讓我們忍不住在留言板上大讚有加，而那分量很多的早餐，吃不完的，我們就帶上火車當午餐吃。

在曾經惡名昭彰的西西里島上，感受到居民的熱情及好客性格，對這裡人民的純樸及親切非常難忘，島上人民的熱情早就徹底洗刷了黑手黨帶來的刻板印象。

西西里島充滿了友善的笑容，讓堅持把行程排到西西里島的我覺得真是不虛此行。相信再過不久的將來，西西里島上獨特的美景與熱情的陽光，還有當地人民熱情的笑容，一定會讓西西島洗刷汙名，到時不會再有人說西西里是邪惡之島，反而是熱情歡樂之島了。

❶ 樓梯中央的餐廳
❷ 燈光照著街道一片光亮
❸ 豐盛的早餐籃
❹ 我們的小餐桌

西西里島 巴勒摩、阿格麗真托

137

NOTE

交通

○航空
　國內線飛西西里島，主要有 Alitalia 航空（www.alitalia.com）。
○火車
　義大利各大城市有直達列車到西西里島巴勒摩、Messina、卡塔尼亞等城市，時間約 10 ～ 13 小時。由巴勒摩至阿格麗真托，時間約 2 小時。
○渡輪
　Trenitalia 航運公司有提供從卡拉布里亞到 Messina 的渡輪，約 25 分鐘，可載運汽車。

住宿

○ B&B Casa Castelli
　價格合理，女主人友善熱情，豐盛早餐令人驚喜。
　地址：Traversa Ortolani N°19, 92100 Agrigento

Catania

火 山 之 城

①

卡塔尼亞

西里島東岸，島上第二商業大城卡塔尼亞（Catania），境內有歐洲最大的活火山艾特納（Etna），海拔高 3,326 公尺，是世界上最活躍的火山之一。在 1699 年爆發時，火山岩漿衝進了卡塔尼亞市中心，幾乎湮滅了全城，經過政府與居民多年的協力重建，努力讓城市恢復原來的樣貌。由於曾被大量火山岩漿掩蓋，因此卡塔尼亞城市呈現火山岩的灰黑色調，但仍然不掩其活力。還沒來到卡塔尼亞前，我們對這座城市一無所知，便做好準備感受火山之城源源不絕的活力吧！

火車緩緩開入卡塔尼亞車站，火車外的景象從一路上的海岸風光轉變為市集，熱鬧的氣氛讓我瞬間喜歡上這裡。下車還要轉搭巴士到教堂廣場（Plazza Dumeo），巴士在城裡轉啊轉，司機突然停在一個很多攤販的地

❶ 火山腳下的城鎮
❷ 教堂廣場

方，對我們說：「到了喔！」我們看了看根本沒見到教堂，司機指著一個小拱門說：「走進去就對了。」半信半疑下了車，走到拱門前便看見了廣場。市中心便是教堂廣場，主要道路就是教堂旁的 Etnea 大道，可以連接到很多景點，問路後我們很快便找到 B&B，這天比較特別，要與在瑞士念書的昭嫻會合，旅程從兩人變成三人，預料一定會更加有趣。

雙重守護神

　　將行李放好後我們走回廣場，廣場上立著一座建於 1763 年的微笑大象噴泉（Fontana dell' elefante），是火山岩雕刻而成的大象雕像。雕像上方是埃及方尖碑，也是卡塔尼亞的紀念建築，上揚的大象鼻子則是卡塔尼亞的城市標誌，據說

大象的魔力可以抵禦艾特納猖
獗的爆發喔！雖然不知道是否
真的可以抵禦火山爆發，但艾
特納火山依然活動力超強，我
想這只是人民的安慰心理吧！
不管怎樣，大象雕像依然直挺
挺佇立在廣場上，持續抵禦艾
特納火山的威力，保衛著卡塔
尼亞。

　　廣場上的聖雅加莎教堂
（Cattedrale di Sant'Agata），供奉著聖女雅加莎（Agata），她是
卡塔尼亞的守護神，在西元前 250 年為了保護卡塔尼亞抵擋邪惡的
Quintian 進攻而身受重傷，胸部被砍下、全身遭受煤炭焚燒。教堂
內還保留了原有地基，聖女的遺骸也埋在教堂裡，而且供奉著鑲滿
寶石的神像，在每年 2 月 3 ～ 5 日的節慶，居民會將神像抬出街上

❶ 觀光小列車
❷ 微笑大象噴泉
❸ 教堂正殿
❹ Sant'Agata 畫像

遊行。教堂裡非常安靜，有些教堂都失去了原有的功用，變成吵鬧的觀光景點，很難得聖雅加莎教堂還保留讓人民託付心靈的作用，是個適合沉思的好地方。

Made In Taiwan

在廣場周邊逛了一會兒又回去住處，很難得住到有廚房的地方，決定善用廚房自己做晚餐。今早在車上看到的市場只營業到中午，所以我們要找超市買材料，但在附近都沒看到，向路旁書報攤詢問，正好有位在買報紙的客人對我們說這附近沒有超市，超市距離這裡有點遠，熱心的他決定帶我們去。

我們邊走邊聊，向他自我介紹我們來自台灣，沒想到他卻說：「我的手機就是 Made In Taiwan ！」我們又驚又喜的問：「哪個品牌？」他說：「HTC。」我

們真的感到很驕傲。他帶我們去一家小超市，超市雖小，但什麼都
有賣喔！分頭去採買，過沒多久，他先買好了東西，還過來關心我
們：「天快黑了還知道回去的路嗎？要不要再帶你們回去原路呢？」
讓我們覺得真是遇到好人了。

　　回到旅館煮了豐盛的晚餐，配上好喝的西西里產葡萄酒，實在
太愜意了。晚餐過後與昭嫻碰面，千里之外與朋友相見的感覺真是
妙不可言，三人嘰嘰喳喳聊了整晚才肯上床睡覺。

全城最有活力的地方——La Pescheria

　　一早就到昨天錯過的魚市場（La Pescheria）及食品市場報到，
入口在阿蒙那諾噴泉旁（Fontana dell' Amenano），我們從住的地
方走出來，轉個彎就能看到貨車載滿了整車最新鮮的番茄及蔬菜，
越往裡面走攤販越多越集
中，中央則是最熱鬧的魚市

❶ 聖雅加莎教堂
❷ 人山人海的市場
❸ 活力漁市場
❹ 最新鮮的都在這裡

場。整隻旗魚的現場切割秀，活跳跳的蝦子，以及爬滿了桶子的蝸牛、醃鯷魚等，一堆叫不出名字的魚類，每個攤販使出渾身解數大聲吆喝，此起彼落的叫賣聲讓我們看得目不轉睛，果然名不虛傳，這裡是整個卡塔尼亞最有活力，也最吸引人的地方。

賣蝦子的小販為了向我們證明他賣的蝦最新鮮，還現剝蝦子請我們吃耶！那蝦子甜美的味道至今還留在腦海中。我們買了蝦子，還有孔雀蛤，逛到市場的周邊則是生鮮蔬果、起士及雜貨，拿了兩顆檸檬要結帳，老闆卻說送你們好了！讓我們非常不好意思，所以又買了番茄。晚餐的材料搞定後，準備來去火山探險囉！

艾特納火山環線列車

原本報名參加了艾特納火山健行之旅，有專業導遊帶領上火山口參觀，但從我攜帶的旅遊書上得知有繞行艾特納山腳下的環線列車可以搭乘，因此臨時改變

計畫為環線列車之旅。搭乘 429 號巴士到 Borgo 地鐵站，下車就可以看到 FCE（Ferrovia Circumetnea）車站，環線火車只有短短幾節列車，FCE 除了有火山列車之外，也是居住在火山周圍小鎮居民的交通工具。當天列車上乘客並不多，我們三個亞洲面孔特別引人注目，選定座位後火車就緩緩啟動了。

從火車上看見的景象一直都是荒蕪的，當初火山爆發的岩漿冷卻後造成目前灰黑色火山岩遍布，沒有什麼綠色植物，只有巨大的仙人掌在此蓬勃發展，遠處的艾特納頂端霧濛濛，難以想像當時火山爆發的景象，火車慢慢行駛可以細細欣賞沿途的風景。後來火車停靠在某一站時，大家都下車了，我們搞不懂怎麼回事，列車長說要換搭巴士，我們也就跟著上巴士，列車長非常照顧我們，可能因為亞洲面孔比較特別吧！他說等一下還要再換回火車，並跟我們大略解釋整個環線火車的行程，我們也就放心的讓列車長帶著到處去玩耍囉！

火車頭特權

沿途經過幾個小巧可愛的城鎮，不曉得居住在火山腳下的感覺是什麼？不知道什麼時候火山會爆發？是不是很刺激呢？我們又換

❶ 已經變古蹟的蒸氣火車頭
❷ FCE 車站
❸ 艾特納環線列車

①

了一次火車，這次列車長竟然過來邀請我們到火車頭去耶！真是讓我們受寵若驚，驚喜萬分的我們跟司機一起擠在駕駛艙內，每次經過有人的民宅，我們就會探出窗外大聲打招呼，大家雖然驚訝，但也舉起手熱情的回應。火車慢速行駛在軌道上，鐵軌旁的草叢偶爾會竄出野兔，野兔快速奔跑跳進另一邊的草叢裡，這幕大自然的景色，讓來自都市的我們感到既新鮮又有趣。

列車沿著艾特納火山繞行，又抵達另一個換車的車站，原本的列車長就只能照顧我們到這裡而已，但他仍然請下位列車長繼續照顧我們，這位列車長很熱情，一直跟我們講話，雖然聽不懂，卻可以感覺到他非常風趣及熱情，他甚至興奮的單手開火車，還打手機給他老婆要我們跟她説 Ciao，看著他單手開火車，我們不禁捏了把冷汗。還叫昭嫻控制排檔桿，昭嫻一動都不敢動握住排檔桿，我在旁邊嚇得半死，反倒是列車長一點都不擔心的樣子呢！火

②

③

車繞過山的另一頭，就可以看見愛奧尼亞海（Ionian Sea），列車長指著海另一邊的城鎮說：「那就是陶歐米納（Taormina），也是西西里島上出名的海岸觀光勝地喔！」這一天我們繞了火山腳下整整一圈，雖然沒有登上火山口參觀，但這趟環線之旅遇到許多友善的人，讓我們真切感受到義大利人天生的風趣與熱情，而且什麼也不想，讓火車搖搖晃晃帶著我們遊火山腳也是很棒呢！

意外的海邊之旅

　　早餐時間碰上兩位來自模里西斯的歌手 Neeraj 和 Nitish，在他們的國家好像頗知名的喔！ Neeraj 禮貌性問我們，今天的行程是什麼？小白說，我們很想去海邊走走，但不知道怎麼去。沒想到 Neeraj 說，他或許可以問朋友是否有空？他立刻撥起電話，過沒多久他就對我們說，20 分鐘後準備出發吧！就這樣，突如其來的好運降臨在我們身上，我們馬上便答應了邀約，快速回到房間換上輕便的衣服就到門口集合。

④

❶ 獨享第一手景色
❷ 火車過山洞
❸ 環線列車司機
❹ 時間彷彿停止了

　　集合後一行人浩浩蕩蕩就出發了。我們還去買了歐洲大樂透，肖想成為歐洲大樂透的高額彩金得主，買了 99 個號碼選 10 個一注 1 歐元，每 5 分鐘開一次獎，電腦會開出 20 個號碼，只要你對中 1 至 4 個號碼的就是槓龜，要中 5 個號碼以上才有獎金，若是一個都沒有的話，還有 2 歐元獎金喔！但幸運之神並未眷顧我們，而這也是我第一次買彩券，還滿好玩的。

　　開車的司機叫做 Rajiv，我們六個人就擠在汽車內往海邊出發，車內播放著 Neeraj 和 Nitish 創作的音樂，節奏鮮明、曲風輕快，聽了心情特別雀躍，車子慢慢離開市中心，景色也逐漸變成了海岸線。最後 Rajiv 將車開進了私密小徑，車子就停在防波堤邊，下了車我們便往海邊奔跑過去，光著腳丫踏踏浪，我們沿著海灘散步感受夏天的熱情。許多趁著好天氣來享受陽光、戲水、玩球、釣魚的沙灘客，不管是大人，還是小孩，高的、矮的、胖的，統統不吝嗇展現自己的身材，反觀我們三個因為怕曬黑，還穿著外套呢！瞬間形成非常有趣的對比。

　　Rajiv 開車帶我們看遍環繞卡塔尼亞、各種特色的海岸線，每一種都有不同的風貌，有滿是礁石的海岸，還有清澈透明到忍不住想跳下去游泳的海水，在岸邊看到三代同堂一起彩繪小船，幸福的景象真是令人羨慕。來到停滿了私人遊艇的 Ognina 碼頭，幾位先生悠閒的躺在遊艇內喝酒聊天，享受午後時光的輕鬆愜意，碼頭的一角釣客靜靜的等待魚兒上鉤，意外的海岸線之旅就在安靜的碼頭劃下美麗的句點。

啥咪？罷工了！

　　預計離開的那天早晨，我們在公車站等了許久車還是沒來，有路人告訴我們，今天罷工了！我們不敢相信竟然遇到罷工，連發票都對不中的我，竟然就遇到罷工，緊張得直問為什麼？我還亂猜測說，難道是輸了球賽嗎？路人大笑說，不是啦！應該是薪資糾紛吧！總之今天車子不開了，我們三人傻在公車站不知如何是好，果真是計畫趕不上變化啊！馬上了解到這句話的意義，我們不想面對，但也無可奈何。

　　只好拖著行李走到火車站，抵達車站後，更晴天霹靂的是，連火車也罷工了！抱著一絲希望去問服務台，得到的答案還是一樣！看著大廳時刻表上每班列車都寫著取消，心中真是五味雜陳，看來我們又得多留一天了，打電話回去問 B&B 是否還有空房，很可惜的是，沒有空房了。旅館協助我們找另一家民宿，也因為這樣讓我們

❶ 歡樂時光
❷ 停滿遊艇的 Ognina 碼頭
❸ 很雄偉的堡壘

①

幸運的住進了一家很溫馨的 B&B，女主人一看到我們就說，把這裡當成自己的家一樣就好，讓旅行多日的我們瞬間得到舒緩，也讓我們暫且忘記旅途的勞頓及罷工的無奈。

因為罷工多出來的這一天，我們不知道要做什麼，想起這幾天注意到路底有個外觀很特殊的門，但滿滿的行程，反倒是距離最近的地方沒時間前往，就利用這突然多出來的時間去探索吧！沿著 Garibaldi 路走到盡頭，看到一座建於 1768 年、黑白相間的凱旋門，那就是 Porta di Garibaldi，當地人都稱呼為堡壘（Fortino），從門的另一端望過去，還能看到路盡頭的聖雅加莎教堂喔！兩邊遙遙相望，不得不讚嘆設計的巧思。城門旁有個小公園，愜意的坐在椅子上，悠閒度過這額外的時光。回去的路上到麵包店買麵包，我們每天吃的早餐麵包就是西西里特有的小圓麵包，又香又有嚼勁，讓我們每天早餐都忍不住多吃好幾塊，價格很便宜，兩塊麵包才 0.2 歐元，隔天就要離開西西里，日後便吃不到了，所以我們一口氣買了很多帶在路上吃。

小客廳裡的地球村

折騰一天快累癱了，到樓下的雜貨店買幾罐啤酒，在客廳玩起撲克牌。過沒多久其他房客回來了，是一位來自瑞士的丹尼爾，寒暄幾句後馬上就加入我們的行列，一起分享生活經驗與旅行。分享不同國家的文化實在非常有趣，一聊就聊到半夜，後來還加入來自拉脫維亞的四個女孩。拉脫維亞女孩很大方，還請我喝她們調的哈密瓜調酒，配上高達起士當零嘴。小小的客廳彷彿是地球村一般，聚集來自三個不同國家的旅人，真是旅行中最奇妙的事情了。

是不是艾特納的威力？還是微笑大象的魔法？卡塔尼亞每天都有新鮮事發

生，不管是火車頭的特權，還是美麗的海岸之旅，連機率很低的罷工事件也讓我們碰上了。雖然問題層出不窮，但我們都順利迎刃而解，還因禍得福的住進了像家一樣溫馨的 B&B。旅行中不可預期的事情多得很呢！保持輕鬆的心情面對，就好像卡塔尼亞的居民從不擔憂自己是住在火山腳下，我們看到的是居民保持著快樂的心情，面對未知的每一天，真切感受到卡塔尼亞帶給我們

源源不絕的歡樂及活力。火山之城，我會再回來的。

❶ 麵包店
❷ 丹尼爾教小白跳舞

火山之城 卡塔尼亞

151

NOTE

交通

○ 火車
由拿坡里至卡塔尼亞，直達約 7.5 小時。

○ 航空
可由歐洲各地搭飛機到卡塔尼亞 Fontanarossa 機場。

○ FCE 火車環線列車
www.circumetnea.it/mainen.asp?1

住宿

○ B&B Porta Carlo V
地址：Via Auteri 26,95124 Catania
電話：+39 095 340174、+39 339 3692673
E-mail：interang@tiscali.it

○ B&B Globe Trotter
地址：Vicolo della Lanterna 14 – Catania
電話：+39 393 6863217、+39 333 5779854
網址：www.globetrottercatania.com

Roma

一 口 飲 盡 ， 咖 啡 的 滋 味

羅馬

從柯森查搭了 6 小時的火車來到羅馬（Roma），同車的醫生伯伯請我們喝咖啡，我以為是坐下來慢慢喝，但我錯了！義大利人喝咖啡的速度真是神速。我還在等我的卡布其諾稍微冷一點，伯伯早已一口飲盡他的 Expresso，我也匆匆忙忙的不管咖啡燙不燙大口喝下，差點燙死自己，但不是只有伯伯如此，在這裡每個人喝咖啡都像是定時服藥一般，從櫃台點餐到喝下咖啡，最後拉著行李離開，僅短短 2 分鐘的時間，我還會意不過來就已經結束，留下我們三人還在咖啡吧前發呆。

從車站頂著大太陽走到住宿的地方，沒想到 Check In 的地方竟然不是住宿的地方，又得拖著行李去另一個公寓，到了公寓後發現當初在網路上訂的房型與當日住宿的有差異，反應

❶ 承載著許多人的夢想
❷ 競技場啤酒任務

①

後得到的態度極差，對方說，要住不住隨便你們！我們不高興卻也因為價格還算可以接受，而不想繼續爭執下去。唉，才剛抵達羅馬就被弄得心情不佳。

競技場的啤酒任務

　　近年備受好評的旅遊節目「食尚玩家」，因為兩位風趣的主持人晚上到羅馬競技場前喝啤酒，所以在要出發前就有許多朋友對我們說，你們一定要在競技場前喝酒，這是一定要做的事情啦！因此在羅馬的第一天晚上，特意帶著啤酒到競技場，自喻為神鬼戰士對著競技場舉杯共飲，完美實現了朋友們對我們的請求。夜晚的競技場特地打上照明燈，無法忽視它的磅礴氣勢，啤酒的微醺感緩緩將我們捲入千年洪流，進入永恆之城羅馬輝煌的爭戰歷史中。

黑心 B&B

　　一大早就遇到很刺激的事情，原來是其他房客向旅館主人要求退差額，一群女孩與老闆就在客廳吵架，其中還有我們的室友，原來我們雖然是住在同一間房間，但每個人收取的價格卻不同，難怪會引起爭議。爭吵了許久，我們也看戲看了很久，有許多女孩決定退房不住，我們在旁邊觀戰許久雖然觀感不佳，但討論後覺得我們的金額還能接受，也懶得再去找下一間，便決定維持現狀。

永恆之城

　　第二天是羅馬古蹟大巡禮，從我們住的地方走到競技場大約 20 分鐘。羅馬夏天就像個大悶鍋，一點風都沒有，頂著烈日往競技場的方向走，羅馬不管走到哪裡都很多人。永恆之城羅馬有著千年歷史，本身就是個大古蹟，遊客腳下踩的路都有著千年歷史，當年的神鬼戰士就是走在這些石板路上，此地遺跡數量多到連走路都有可

❶ 打上燈光的競技場
❷ 古羅馬廣場

能會踢到寶。往羅馬競技場的方向，
沿路有許多不需要門票的遺跡，占地
最廣的古羅馬廣場就緊鄰競技場，
園區內散布著曾經擁有輝煌歷史的古
蹟，殘留著如元老院、朱比特神廟，
還有大大小小說不出名字的凱旋門，
述說著古羅馬時期的輝煌年代。

大競技場存在，羅馬存在

　　羅馬競技場（Colosseo），原文為佛萊文圓形劇場，可容納約五萬人，在羅
馬帝國時期是最大的一座競技場。在開幕的那一天，殺了五千頭動物以示慶祝。

競技場內舉辦供皇室貴族與人民觀賞的比賽，包含了鬥獸、奴隸相互廝殺，表演者大部分是從戰爭擄來的俘虜。俘虜的生與死全看皇室貴族的心情，就算幸運戰勝了，但只要貴賓的心情不滿意仍然難逃一死，有時為了炒熱氣氛還會依席上的民眾意見來決定生與死，此舉非常殘忍，但在當時卻是最受歡迎的活動。

競技場對羅馬歷史占著很重要的地位，曾有一句話如此形容：「大競技場存在，羅馬存在；大競技場傾倒，羅馬也跟著傾倒；羅馬一倒，整個世界也隨之傾倒。」此話道盡了羅馬對世界歷史的影響，而競技場對羅馬的重要性就如同羅馬對世界的影響一樣重要。

競技場的設計非常先進，有八十個拱型出入口，就算五萬人同時入場與散場也能在 10 分鐘內完

❶ 走路都會踢到古蹟
❷ 君士坦丁凱旋門
❸ 競技場有八十個出口
❹ 羅馬大競技場

成，與現今最先進的巨蛋體育場並無兩樣，其實現代的巨蛋是參考競技場的原理而設計，可見在羅馬時期的建築技巧就非常卓越。場內座位分成五區，第一層為皇室、貴賓、元老，第二層為貴族，接下來依序為富人、平民，最後則是低下婦女只能用站的，而表演區則撒滿了黃土，為的就是血滴落時能迅速吸收保持地面乾燥。

現在看到的競技場缺了一角，原因是被教廷拆下一部分石料，作為蓋聖彼得教堂的材料，直到 1749 年教廷認為此地曾有基督教徒殉難過，封此地為聖地，並加以保護。不難想像在當時的盛況，座位上的人民尖聲吶喊，與現代的球賽無異，不同在於古時是殘忍的流血廝殺，現代則是緊張刺激的運動比賽而已。

有許多穿著古羅馬戰士衣服的人在競技場外走來走去，這些現代版神鬼戰士非常樂意與你合照，但前提是需要一點費用喔！而且我們發現，這些古羅馬戰士身上穿著戰士服，腳下卻是現代夾腳拖鞋，有那麼一點不夠專業喔！我與小白異想天開的說，我們也去租一套來穿，女神鬼戰士一定很有看頭吧！賺到的錢，我們就拿來當旅費，應該很不賴喔！

羅馬的結婚蛋糕

由競技場當作中心往下一個地方前進，其實也可以搭地鐵，但羅馬景點還算滿集中的，而且有許多古蹟都是沿路步行慢慢探索才有趣，所以捨棄地鐵靠雙腿最實際。

從競技場前的帝國廣場路直走，古羅馬市場就在左手邊，可以看得非常清楚，走到盡頭會碰到的圓環就是威尼斯廣場，廣場旁有著一座非常引人注目的建

築，即艾曼紐二世紀念堂。這是在 1911 年為了紀念義大利統一後首位上任的國王艾曼紐二世所建造，為新古典式建築，但羅馬市民可不怎麼喜歡這座建築物，因為與羅馬遍布的厚重羅馬式建築大不相同，還戲稱為羅馬的結婚蛋糕或打字機。我們不是從小就生長在羅馬的人，因此沒有羅馬式建築情結，倒是覺得還滿漂亮的呀！

丟下硬幣許個願望吧

　　雖然手中拿著一張地圖，但實際上用到的機會實在不大，路上也有許多指標顯示羅馬各個景點，跟著人群輕易就走到特萊維噴泉（Fontana di Trevi），也就是著名的許願池。其實還未看到噴泉前，遠處就聽到有如瀑布的水聲，當下直覺許願池快到了，果不其然，一個轉角許願池壯觀的景象便躍入眼前。許願池引用的泉水是 2000 年前古羅馬的處女之泉，既清涼又甜美。

　　許願池邊坐滿來自世界各地的遊客，我們也不例外，遊客來到

❶ 艾曼紐二世紀念堂
❷ 特萊維噴泉

①
②

這裡不免俗的都會丟一枚硬幣許願。方法是背對著許願池，右手拿著硬幣越過左肩拋出去，第一次是許下重遊羅馬，第二次則是許下心中的願望。我想自己一定是每次都會來這裡許願，所以才會一直的重回義大利吧！看著許願池清澈的池底布滿了各國硬幣，承載著許多人的願望，還有我的夢，許下願望重回此地，也願夢想成真。

通往天堂的道路——萬神殿

　　許願池離萬神殿並不遠，萬神殿（Pantheon）是古羅馬保存最完好的建築，外觀的希臘式十六根圓柱支撐著三角牆。有兩千年歷史的萬神殿是羅馬最古老的圓頂建築，翡冷翠的百花教堂圓頂就是以萬神殿為範本而設計，還被米開朗基羅喻為「天使的設計」呢！

　　萬神殿圓頂中央天窗是光線與空氣的唯一來源，據說這是通往天堂的道路，神殿地面上有許多小孔作為排水用，很神奇的一踏進萬神殿就感到

③

④

⑤

很輕鬆,好像有股能量灌入身體般的有活力,或許這只是我個人的感覺吧!神殿讓我感覺非常自在。神殿內有文藝復興三傑之一的拉斐爾之墓,也是許多皇帝與名人的長眠地,來到這裡除了感受能量之外,也別忘了向大師與帝王們致敬喔!

人就是景點──西班牙廣場

西班牙廣場的階梯上坐滿了人,形成一幅有趣的景象,我覺得西班牙廣場最主要的景點就是人!此言絕不虛假,料想大家一定跟我們一樣,一大早起床就開始在羅馬的大街小巷裡走,遊覽遍布在

⑥

❶ 丟枚硬幣許個願望吧
❷ 超冰涼的泉水
❸ 天使的設計──萬神殿圓頂
❹ 羅馬皇帝艾曼紐二世之墓
❺ 地板的特殊排水孔
❻ 破船噴泉

一口飲盡,咖啡的滋味 羅馬

161

羅馬城裡的大小古遺跡吧！所以走到西班牙廣場時已是筋疲力盡，於是在西班牙階梯上坐一會兒休息片刻，繼續與下一個景點奮戰。

西班牙階梯上有學生、情侶、研究地圖的旅行者、悠閒看書的遊客，還有穿梭在人群中賣鮮花的小販，爬上階梯頂端則是聖三一教堂。我們看著坐在階梯的人們，有一群學生特別熱鬧，原來是來自西班牙的學生，正在慶祝他們首度奪下世足賽總冠軍，學生們手拿西班牙國旗跳著舞大聲歡呼，雖然歡樂，但我倒是替他們捏把冷汗，因為他們正站在別人的地盤上呢！

羅馬夜晚不孤單

西班牙廣場正前方的康多提大道，是羅馬最著名的名店街，所有知名品牌應有盡有。其實在西班牙廣場周邊都是商店街，只是所有的知名品牌幾乎都聚集在康多堤大道上，滿足了一條街買齊全部名牌的慾望，我想這也是西班牙階梯上坐滿人的原因之一吧！因為買累了而坐在階梯上休息，思考下一個該買什麼好呢？

④

⑤

　　從早上開始走到西班牙廣場
為止，羅馬城幾乎有一半被我們
走完了，天色已經暗下，我們依
循原路走回去，又經過許願池，
人潮依舊很多，打了燈的許願池
變得更動人。羅馬的古蹟晚上都
會特地打燈，害怕白天日曬的遊
客，晚上也不擔心沒景點可以看。
再走回威尼斯廣場，結婚蛋糕還
有古羅馬市場的燈光統統點亮了，
走了一天雖然疲累，我們仍舊忍
不住停下腳步，欣賞這有別於日
間的另一番模樣。

❶ 坐滿人的西班牙階梯
❷ 打了燈光的許願池
❸ 街道依然很熱鬧
❹ 夜晚西班牙廣場仍然很多人
❺ 遺跡也都打上燈光

NOTE

交通

○ 航空
羅馬的主要機場為費烏米奇諾機場（Fiumicino），又稱為達文西機場，停靠
來自世界各地的航空公司。從機場可搭乘李奧納多快車（Leonardo Experess）
到羅馬中央車站。

○ 火車
中央車站停靠來自義大利各地的火車，也有來自歐洲其他國家火車停靠此處。
由翡冷翠至羅馬，時間約 1.5 小時，費用 45 歐元。
由那不勒斯至羅馬，時間約 1 小時 10 分鐘，費用 45 歐元。
由米蘭至羅馬，時間約 3.5 小時，費用 91 歐元。

Vaticano

教 宗 的 藏 寶 庫

梵蒂岡

羅馬除了遍地的古遺跡之外，還有一個地方非去不可，就是神聖的天主教教廷──梵蒂岡城（Citta del Vaticano），位處於義大利的羅馬市境內，卻是正式的獨立國家，國土僅 0.44 平方公里，卻是全球十億天主教徒的宗教中心，擁有獨立的瑞士軍隊、郵政系統、火車、電台等應有盡有，麻雀雖小卻五臟俱全！

梵蒂岡所擁有的財富可是跟其國土成反比，光看梵蒂岡博物館的館藏，數量及種類之多絕對令人瞠目結舌。博物館內的館藏是歷代教宗從世界各地，不管是買的、搶的，或是進貢而來的許多寶物都收藏於此，堪稱教宗的寶物間，我們怎麼可能會錯過呢？

博物館有個很棒的優惠，每月的最後一個星期天免費，回想起初次造

❶ 拉斐爾著名畫作「雅典學園」
❷ 描繪宇宙運行的地板畫

訪有幸被我碰到，當下節省了門票費 12 歐元，但也因為是免費參觀，人潮比平常多了好幾倍，早上還未七點就來，原以為我們很早了，沒想到隊伍早已經綿延好幾公尺，而且還陸續的增加中，二話不說，趕緊跑到隊伍後面卡位，只能説教宗的寶物魅力實在驚人呀！

　　這次再度來到梵蒂岡朝聖，此處終年遊客如織，連買門票都要排隊，頂著烈日大家毫無怨言的排隊，就是為了一睹教宗的寶物間，看到世界各國的遊客、旅人心甘情願的等待，當天溫度高達攝氏 35 度耶！不時看到有人受不了而昏厥、中暑，人群中還有兜售冰礦泉水的小販，一瓶 1 歐元，生意好到不行呢！

　　排了許久總算拿到藝術殿堂的門票，這次掏錢買票才知道門票漲至 15 歐元，二十六歲以下持學生證的青年則是 8 歐元。梵蒂岡博物館館藏之多，要一次全部看完不太可能，因此博物館設計了幾種參觀路線，有 45 分鐘到 5 小時的不同參觀時間，可依自己的喜好挑選。一進入館內會先遇到郵局與商店，因為梵蒂岡擁有自己的郵政系統，所以梵蒂岡內售出的明信片及郵票都有教廷的交叉雙鑰 Logo，而且寄

出的任何信件，也會蓋上專屬的郵戳，因此來到這裡，一定要寄一張明信片給自己當作紀念喔！

　　雖然博物館有設計多種路線供人參考，但我們很隨性，走到哪裡就看到哪裡，因為有資格擺在梵蒂岡博物館內的作品都值得一看，

❶ 梵蒂岡博物館門票
❷ 藝術殿堂的入口
❸ 尼羅河神與十六個嬰兒雕像
❹ 凱薩館裡的雕像走廊

其中有些展品你絕不能錯過,例如在庇護克里蒙館(Pio-Clementino)的著名古希臘雕像「勞孔群像」,刻畫出勞孔與兒子被海蛇纏繞而死的情景,展現身體肌肉遭纏繞而緊蹦的細節,傳説勞孔像是啟發米開朗基羅粗獷雕法的靈感呢!勞孔像附近還有柏修斯砍下蛇妖美杜莎頭像的雕刻。在新毅陳列室(Braccio Nuovo)裡則有尼羅河神與十六個嬰兒嬉戲的雕像,據説此數字就是尼羅河氾濫的高度呢!在埃及館內還有帶領死者去陰間的阿紐比斯神,以及雕刻著彩色頭像的石板,都是精采絕倫的展品。

　　地圖走廊上有許多巨幅的古地圖,走廊上金碧輝煌的天花板閃閃發亮,輝煌的程度令人瞠目結舌。在博物館內不管挑哪一條參觀路線,最終一定會來到西斯汀禮拜堂,但一定要記住喔!別急著進禮拜堂,轉個彎先參觀拉斐爾畫室(Stanze di Raffaello),若是錯過這裡要再走回來有點困難呢!之前我就是太急著衝進禮拜堂,而與大師作品失之交臂,這次可不會再錯過了!

　　拉斐爾畫室原為教宗書房,會取名為拉斐爾畫室的原因,正是房間內幾乎都是拉斐爾的作品。畫室離西斯汀禮拜堂並不遠,最著名的作品是雅典學園(La Scuolad atene),描繪著古希臘學者包含了亞里士多德、柏拉圖、蘇格拉底等親

密交談的景象。文藝復興時期，拉斐爾、米開朗基羅、達文西三人並稱為文藝復興三傑，是敵手，也是最佳的學習對象，因此將柏拉圖繪得貌似達文西，米開朗基羅則是倚著頭坐在台階上沉思的那位老者，拉斐爾也將自己繪入畫中，在右下角第二位就是拉斐爾本人，雅典學園是拉斐爾最偉大的作品之一。

教宗的天花板

　　到底西斯汀禮拜堂（Capella Sistina）有什麼魅力？讓來自世界各地的遊客趨之若鶩？博物館內那麼多珍貴的館藏看也不看一眼，就是要直奔這裡而來，答案即在「天花板」！天花板有什麼稀奇？沒錯，就是很稀奇，這裡的天花板可不容小覷！因為天花板上的天棚畫可是大師米開朗基羅花了四年的嘔心瀝血之作「創世紀」。

❶ 完美表現身體扭曲的勞孔群像
❷ 來這裡寄出一張明信片給自己吧
❸ 描繪西元 874 年梵蒂岡火災時的景象

　　「創世紀」創作於 1508 ～
1512 年，當時教宗尤利烏斯二世
指派米開朗基羅為西斯汀禮拜堂的
天棚作畫，但自喻是雕塑家而非畫
家的他馬上就拒絕了。教宗軟硬兼
施的威脅米開朗基羅，他才百般不
願意的接下此任務，此時有許多跟
他不合的人等著看他出糗，作畫期
間除了自己與信任的學徒之外，甚
至連教宗也不許提前看作品。天棚畫完成公布於世時，與他敵對的人全都閉上了
嘴，因為強調人體力量與肌肉線條的「創世紀」天棚畫，完美表現軀幹扭曲的線
條，震撼了當時一貫唯美的畫壇，傳說在他作畫期間於教宗書房作畫的拉斐爾，
晚上曾來偷看他的作品，一看大為吃驚而改變了其畫風。

　　「創世紀」分為九個《聖經》的場景，以及《聖經》內十二使徒與先知，包
含了大洪水、創造亞當、逐出伊甸園等主題，一踏進禮拜堂，即可感受「創世紀」
帶來的磅礴氣勢，世界之初就在頭頂上完美展現。我的心被狠狠撞擊了一下，不
朽的藝術帶來的震撼在心中久久無法平復，要仔細欣賞這幅畫有一點辛苦，因為
得一直抬起頭來，在此教個小方法，帶一面小鏡子去吧！藉由鏡子反射，不用抬
頭就能看得很清楚喔！

　　西斯汀禮拜堂畫於祭壇上方的「最後的審判」，是米開朗基羅繼「創世紀」

後三十年再度受邀在西斯汀禮拜堂裡創作，描繪死者被上帝審判的
情景。其實禮拜堂最重要的功用是提供樞機主教們開閉門會議，每
當要選出新教宗時，所有樞機主教全聚集在禮拜堂內開會，用選票
決定下一任教宗，在未選出之前是不能離開禮拜堂的，選舉持續好
幾天以上，那要如何得知結果呢？答案是，看煙囪就知道了，因為
樞機主教們會將每次投票的選票燒掉，若有結果煙囪就會冒出白煙，
相反的冒黑煙則表示尚未有結果。此時在聖彼得廣場上引頸期盼的

❶ 著名的創造亞當
❷ 創造夏娃
❸ 最後的審判
❹ 嘆為觀止的創世紀天頂畫

天主教徒與各國記者都在等待結果，結果一揭曉則是萬民歡騰，新教宗也會站在陽台上接受教徒們的歡呼。

神聖殿堂——聖彼得大教堂

朝聖完教宗寶物間後已經下午了，我們接著要參觀聖彼得教堂（Basillcadi San Pietro），但需先通過安檢，而且不能衣衫不整喔！沒辦法，誰叫這裡是重要的宗教聖地呢！建於 1506 ～ 1626 年的聖彼得教堂，是全球天主教徒的信仰

中心，每年超過上百萬信徒來此朝聖，可容納約六萬人，還真是嚇死人的大，據説這是世界最大的教堂。教堂於 1546 年重建時，則是由米開朗基羅於七十歲高齡接手策劃與設計的喔！

　　教堂中央祭壇的青銅鍍金華蓋則是貝里尼親手設計，費時九年才完工，高約 20 公尺，由四根螺旋大銅柱支撐著，青銅還是來自萬神殿呢！下方祭壇是教宗做彌撒的地方，只有教宗有資格可以上祭壇，至於祭壇底下則是聖彼得之墓，是教堂的神聖礬石，一般人不能隨便

❶ 設計精湛的螺旋梯
❷ 聖彼得大教堂
❸ 貝里尼設計的青銅華蓋
❹ 米開朗基羅設計的穹頂
❺ 摸腳會帶來幸運的聖彼得銅像
❻ 富麗堂皇的大殿

進去。我們實在太好奇，還問修士關於電影「天使與魔鬼」的場景與情節，以及男主角進入這道神祕階梯底下的片段，他非常認真的為我們解釋說電影內的情節都是虛構，當初劇組請求入內拍攝時被教廷拒絕了，電影內所有關於教廷的場景全是劇組所搭建，經過一番解釋後

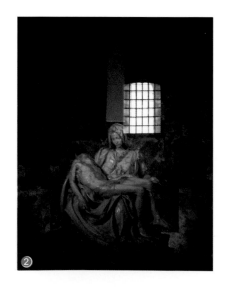

我們很驚訝，好萊塢電影真厲害，竟然能打造出以假亂真的電影場景。

教堂穹頂是米開朗基羅的作品，以金藍兩色調裝飾，整體設計讓教堂看起來不會太厚重，登上穹頂可欣賞整個梵蒂岡城。教堂內還有一座聖彼得銅像，據說只要親吻或撫摸銅像右腳就會帶來幸運，仔細看聖彼得的右腳早已被遊客摸平，可是為了帶來幸運當然要摸一下，同時也許下心願希望能夠重遊此地。

來自翡冷翠的米開朗基羅

教堂內的藝術價值也是不容小覷，進入教堂的右手邊有一座柔美的大理石雕刻「聖殤像」，描述傷心的聖母抱著耶穌死去的軀體，完成於 1499 年，是米開朗基羅二十四歲的作品。當年這座雕刻在教堂公開時，有人傳出作者另有其人，而不是米開朗基羅，大師在旁聽到非常生氣，半夜潛入教堂在聖母飾帶上刻下了「MICHEL ANGELUS BONAROTUS FLORENT FACIBAT」，意思是來自翡冷翠的米開朗基羅作，這也是大師唯一落款的作品。

現在聖殤像被一層強化玻璃圍住，全因為在 1971 年有個瘋子拿槌子瘋狂破壞，歷經這個破壞事件後，教堂杜絕有人再破壞，加裝了強化玻璃，也因為這樣而無法太近距離欣賞，更無法感受作品帶來的真實美感，連拍照都會反光。由於一個人的錯誤，導致後來的參觀都被限制，實在是令人懊惱呀！

張開雙臂歡迎你的聖彼得廣場

踏入廣場就離開了義大利國土，正式踏進梵蒂岡大公國領土了。建於十七世紀的聖彼得廣場，由貝里尼親手設計與打造，是世界上最大的公共空間之一，廣場上兩

❶ 有著梵蒂岡標誌的地板蓋
❷ 聖殤像
❸ 教廷──梵蒂岡城
❹ 聖彼得廣場
❺ 衣衫不整不能進教堂喔
❻ 埃及方尖碑

百四十八支多力克式列柱，彷彿展開的雙臂迎接世界各地來的聖徒，列柱頂有著一百四十尊聖人雕刻。若是登上教堂圓頂往下俯看，廣場就好像一個鎖匙孔一樣，廣場中央的埃及方尖碑，是一世紀時從埃及運至羅馬，雖然是不同國家的風格，但佇立在聖彼得廣場上卻展現出莫名的協調呢！

小丑？軍隊？

在梵蒂岡境內，到處都可以看見穿著黃、藍、橙制服的瑞士衛兵站崗，這也是教廷特色之一。你現在一定有疑問了，為什麼是瑞士衛兵，而不是義大利衛兵呢？其實在 1509 年時西班牙軍隊血洗羅馬城，所有的軍隊都逃跑了，只剩下瑞士軍隊誓死保護教宗，從此教宗就只雇用瑞士軍隊，而這件宛如小丑般的鮮豔制服據說是米開朗基羅設計的呢！已經流傳五百多年了，衛兵團

可是經過專業訓練的軍隊喔！雖然穿著一身有點可笑的衣服，但散發出的氣勢卻非常嚴肅，讓我們只敢偷偷拍照，不敢上前交談，小白還無聊的用借位的方式拍照，照片呈現出她偷親衛兵團的樣子，惹得我們哈哈大笑。

飄揚的青天白日滿地紅

從羅馬「出國」去梵蒂岡，現在又回到羅馬了，踏出這貝里尼的鎖匙孔，左邊大樓飄揚的旗幟好熟悉呀！青天白日滿地紅旗幟飄揚，當下心中一陣莫名的感動，梵蒂岡是歐洲唯一與台灣有邦交的國家，千里之外看到熟悉的事物總是令人感到特別親切，對著飄揚的國旗拍了好幾張照片才肯離去。

❶ 廣場上的列柱
❷ 瑞士衛兵團
❸ 於梵蒂岡外的台灣大使館

教宗的祕密基地——聖天使堡

往梵蒂岡外的大使路一直走，就能看到一座堅不可摧的土黃色堡壘，那就是聖天使堡（Castel Sant Angelo）。緊靠台伯河的聖天使堡原是哈德良皇帝所蓋的家族墓園，直到六世紀時改成教宗堡壘，堡壘內有條密道可通往梵蒂岡，是教宗躲避威脅

用的。逛了整天的梵蒂岡，也看了整天的藝術品後，三個小女子對聖天使堡興趣缺缺，反而對聖天使堡附近的攤販比較有興趣，還跟老闆殺價，開開心心買了許多小東西帶回去好交差！

拎著戰利品走在被天使環繞的橋一定是幸福的吧！聖天使橋緊接著聖天使堡，也是哈德良皇帝蓋了要通往陵墓的道路，橋上共有十二尊天使守護著聖天使堡，也守護著教宗的安全。聖天使橋下貫穿羅馬的台伯河持續流動著，橋上遠觀聖彼得教堂大圓頂，再度感受藝術與宗教的最完美結合！

文藝復興三傑

米開朗基羅（Michelangelo）

1475 年生於翡冷翠，生性孤僻、自傲，善於雕塑、建築，以及表現人體的肌肉線條，所雕刻的「大衛像」舉世聞名，繪畫作品「創世紀」、「最後的審判」則將他的成就推到最高點。一生追求藝術的完美，其創作風格影響了三個世紀的藝術家，卒於 1564 年。

達文西（Leonardo da Vinci）

1452 年生於義大利文西小鎮，同時是建築家、科學家、工程師、發明家、畫家等。多項領域發展使他成為文藝復興時期最著名的全能藝術家，傳說他還曾解剖屍體觀察其肌理，其畫作「蒙娜麗莎」、「最後的晚餐」享譽全球，卒於 1519 年。

拉斐爾（Raffaello Sanzio）

1483 年生於烏爾比諾，擅長繪畫，畫作以柔和、秀美聞名，著名作品為「雅典學園」，畫作完美的將基督教與異教融合在一起，表現出柔美的畫面，可惜英年早逝，於 1520 年發高燒猝世，享年三十七歲，與當代大師米開朗基羅、達文西並稱文藝復興三傑。

名人小檔案

教宗的藏寶庫 梵蒂岡

179

❶ 堅不可摧的聖天使堡
❷ 天使守護的聖天使橋

景點

○梵蒂岡博物館（Musei Vaticani）
時間：周一至五 8:45 ～ 16:45，周六、日 8:45 ～ 13:45
費用：15 歐元，每月最後一個星期日免費
○聖彼得大教堂（Basillca di San Pietro）
時間：7:00 ～ 19:00
費用：免費
○教堂圓頂
時間 8:00 ～ 17:45
費用：搭乘電梯 8 歐元，爬樓梯 5 歐元

Assisi

災 後 重 生 的 聖 城

阿西西

當初在規劃行程時，很貪心的每個地方都想去，但實際走來很多地方因為時間的關係只能留待下次，而阿西西很幸運的能夠起死回生再列入行程表內，可能是我們刻意在火車上利用東方女孩的微笑及裝傻，讓查票員只看到我們的微笑卻忘了要查票，因此多出來的火車票，讓我們有機會走訪在地震後重生的聖城阿西西（Assisi）。

位於翁布里亞區的阿西西，一直以來都是聖方濟各教派（San francesco）的聖地。出生於 1182 年的方濟各，傳說他具有與鳥類及動物溝通的力量，長年在翁布里亞地區傳道，創立了聖方濟各教派，死後遺骨則葬在阿西西的聖方濟各教堂內。翁布里亞處於地震帶上，在 1997 年發生了一連串的地震，許多重要的教堂幾乎震

❶ 充滿平和氣息的街道
❷ 阿西西特殊的火車站牌

垮，也包含了神聖的聖方濟各教堂，教堂的壁畫震成許多碎片，經過多年的修復與重建工作，阿西西逐漸恢復原樣，教堂內部則還有些修復工作尚未完成。阿西西於 1999 年正式登錄為世界文化遺產，是充滿宗教信仰及人道關懷的城鎮。

　　火車抵達阿西西站，還需轉搭巴士才真正可以到達半山腰上的聖城，在山下的車站就能看到聖城佇立在山腰上。對於剛從充滿塵囂氣息的羅馬逃離出來的我們，阿西西的寧靜愜意是難得的，夏季是旅遊旺季，但似乎不影響阿西西與生俱來的寧靜，聖城就是要配上這種寧靜及安定人心才適合吧！不過 7 月的暑氣逼人，三人的腳步有默契的慢慢移動到有冷氣的咖啡館去了。這家小咖啡館，就在城門入口處附近，是一位年輕老闆開的，很難得在隨性的義大利可以看到

很認真的人，食物也因為這一份認真而變得更美味了，推薦西瓜口味的冰淇淋，很清爽喔！享受短暫的清涼後，才心甘情願再走進太陽底下。

無形的宗教力量

　　走出咖啡館繼續往上走，遠遠的就可以看到粉色的聖方濟各教堂（Basilica di San Francesco），陽光照著淡粉色牆面炫目得令人睜不開眼，教堂是於 1228 年聖方濟各死後第二年建的，裡面存放著聖人聖方濟各的遺骨。要進教堂前小白被攔了下來，因為她穿著短褲，神聖的教堂是禁止穿著不整的，基於禮貌及尊重教堂的規定，警衛請她投了象徵性的捐獻，並拿了一條黑絲巾幫小白圍在腰間，才得以進去參觀。

③

❶ 巴士停靠在城門口
❷ 特色小郵局
❸ 淡粉色的教堂

　　教堂分成上下兩層，上層由教堂正門進去，牆上有出自畫家喬托之手的二十八幅描繪聖方濟各生平的溼壁畫。喬托為歐洲藝術之父，大師所繪的二十八幅溼壁畫使教堂不只是宗教聖地，也是中世紀歐洲的藝術聖堂。燭光映在牆上的壁畫，壁畫更顯得動人細緻，教堂內的肅穆氣氛也震懾了我們的心。

　　從教堂內的階梯可通往下層的聖方濟各墓室，聖人的遺骨就存放在這裡，小小的墓室裡擺放了幾張瞻仰聖人用的長椅。燭光照亮了墓室並帶來溫暖，朝聖的信徒安靜的坐在椅子上，瞻仰著聖人的遺骨輕聲禱告，父親帶著孩子就跪在聖人遺骨前，彷彿是看著自己親人一樣哀戚，修士摸摸孩子的頭為他祈福，這樣的景象讓我感動得眼眶紅了，莫名的想掉淚，這一刻彷彿感到神的存在，無形的宗教力量流竄在這裡，令人不禁肅然起敬。我們坐在長椅上感受這份祥和的氛圍，久久無法言語。

　　教堂內的小博物館，展示了聖方濟各生前遺留下的衣物、鞋子，以及傳道用的聖器，還有地震時被震垮的教堂碎片，皆被完善保存在博物館內。博物館旁的

小商店，賣一些關於宗教的聖器，還有明信片及跟聖方濟各有關的小紀念品。我們買了幾張明信片，當場就寫起明信片，紀念品店很貼心的附設小郵箱，直接投入即可，想起這應該是在義大利旅程中寄出的最後一張明信片了吧！即將離開義大利，不捨之情油然而生，因此這張明信片寫得更為認真了。

渾然天成的美景

從教堂出來後，原本被宗教力量影響而難以平復的心情，在經過和煦陽光的照耀下消失無蹤。教堂的出口跟原本的入口不一樣，

❶ 教堂中庭
❷ 陽光下淡粉色的聖方濟各教堂
❸ 神聖殿堂的入口
❹ 傳說具有與動物溝通能力的聖方濟各
❺ 草坪上有著阿西西標誌 T，PAX 則是代表和平

一出教堂廣闊的田園風景映入眼簾，阿西西不愧是翁布里亞省最美麗的山城，靜謐的城鎮充滿平和的氣息，不時可見修士行走在巷弄間，在這裡漫步實為一種心靈享受。

我們為了逃離羅馬的暑氣及商業氣息，跑來這個有如世外桃源般的小山城，隨意一個轉角都有令人屏息的美景。住家的藤蔓攀爬在窗邊，紅花點綴著牆面，彷彿住在這裡的人天生都富有藝術細胞，而隨意一個巷道盡頭都可以看到翁布里亞的田園風光，讓毫無防備的我們，完全臣服在這般美景中。

遺留在心裡的感動

當我們三人在一個美麗的巷道間拍照，遠處走來的觀光客，看到這幅美麗的風景時，也忍不住拿起相機拍了幾張呢！阿西西是宗教聖地，許多國際的慈善團體都在這裡設有分部，街道傳來的音樂也都是充滿希望及平和氣息的旋律。此外，還有教會駐點的義賣商店，許多國家都有支援教會義賣物品，所有的小東西例如手環或阿西西的 T 標誌項鍊，都可以用捐獻的方式，就能將喜愛的東西帶回去當紀念。我選了一條有著代表著阿西西的 T 字型項鍊，當成此行的紀念。

在這個悠閒的下午來到阿西西，此行不只是意外之旅，還是一趟洗滌心靈之旅。雖然我們對此宗教不甚了解，

但整座城市散發出來的氣息平和又安詳，不管是聖人墓室裡突然的感動也好，還是街道傳來的陣陣福音，都是一片祥和。阿西西的美與聖城的靜謐，讓我們不捨離去，不想回去面對羅馬的塵囂與旅程即將結束的現實，但我們心中知道，下次造訪阿西西時，絕對不再只是因為多出來的車票，而是為了找回遺留在我們心裡的這份感動。

名人小檔案

聖方濟各（Sant Francesco）

1182 年生於阿西西，富商之子，但對於自身的富有並不以為意，常常將身上所有的錢給了乞丐，惹得父親因此大發雷霆，最後方濟各拋棄所有與父親有關的東西離開家裡。大約 1209 年時，他決定終生神貧，穿著粗布、赤腳到處傳道，為聖方濟各教派創辦者，此教派又稱小兄弟會，據說傳道時鳥類會停止飛翔聽他講道，卒於 1226 年。

喬托（Giotto di Bondone）

1267 年生於義大利翡冷翠，被認定為義大利文藝復興開創者，重要作品包括阿西西的聖方濟各教堂的二十八幅聖方濟各生平溼壁畫，以及翡冷翠的喬托鐘塔，卒於 1337 年，被譽為「歐洲繪畫之父」。

❶ 一望無際田園風光
❷ 聖方濟各教堂廣場
❸ 轉角卻遇見美不勝收的景色

NOTE

交通
○ 火車從羅馬出發，時間約 2 小時，費用 10 歐元。
抵達後須再轉巴士上山，巴士車票於火車站內購買。

景點
○ 聖方濟各教堂（Basilica di San Francesco）
時間：8:30~17:30，全年無休
費用：免費

寫在 Antico Caffee Greco 咖啡館

從阿西西回來後，外帶了一堆東西回房間吃，一如往常用完餐後，我們開始整理行李，但今晚大家特別安靜，不像平常會邊整理邊聊天，一起討論下一站的行程。因為我們知道，今天是義大利之旅的最後一晚，也將是此行最後一次整理行李。原本很不會整理行李的小白，經過這三十天的訓練，現在也是收行李高手了。我們將一些不需要的物品留下，我將陪自己走過三十天旅程的布鞋及拖鞋留在義大利。我苦笑著對小白說，這兩雙破鞋比我們還幸運，永遠留在義大利了，而我們卻即將離開這個如此歡樂的國家。

最後一天我們起了個大早，因為有任務在身，其實也不是什麼任務啦！就是幫朋友買名牌包包。在羅馬買名牌到康多提大道就沒錯了，整條街都是名品店，各種品牌應有盡有。而且康多提大道上的名品店幾乎都是亞洲人耶！所以一點都不用擔心語言的問題。這次朋友託買了 GUCCI，老實說，我對名牌一點概念都沒有，而且一直認為，穿牛仔褲及布鞋進名品店很奇怪，因此這次全部靠小白獨到

Antico Caffee Greco

的眼光挑選。消費過一次之後，我終於知道為什麼大家都到歐洲帶
名牌了，因為真的很便宜！大約是台灣市價的 6 折吧！也難怪大家
購物都像不用錢似的瘋狂掃貨。

　　同樣在康多提大道上，有一家著名的咖啡館——**Antico Caffee
Greco**，於 1760 年開業，算一算也兩百多年了，跟一般看到的吵雜
忙碌咖啡館不同，有著咖啡館的輕鬆與少見的優雅同時存在，來此
的客人都西裝筆挺，最不同的是，咖啡很貴！一杯 3 歐元，這在義
大利可是不便宜呢！對咖啡有興趣的旅客，可以來此體驗到底有什
麼獨特之處喔！

　　完成了買紀念品的任務之後，回到旅館，揹起了背包，搭著機
場快線前往機場。兩人無語，30 天的旅程邁入尾聲，但我知道，這
只是一段旅程的結束，而我正迫不及待創造下一段旅行呢！

國家圖書館出版品預行編目資料

隨「義」旅行——閒散義大利／Cathy 文・攝影. --
初版. -- 臺北市：華成圖書, 2012. 08
　　面 ；　　公分. --（自主行系列；B6128）

　　ISBN 978-986-192-146-4（平裝）

　　1. 自助旅行　2. 義大利

745. 09　　　　　　　　　　　　101010146

自主行系列　B6128

隨「義」旅行——閒散義大利

作　　者／Cathy

出版發行／華杏出版機構

　　華成圖書出版股份有限公司
　　www.farreaching.com.tw
　　台北市10059新生南路一段50-2號7樓
　　戶　　名　華成圖書出版股份有限公司
　　郵政劃撥　19590886
　　e-mail　huacheng@farseeing.com.tw
　　電　　話　02　23921167
　　傳　　真　02　23225455
　　華杏網址　www.farseeing.com.tw
　　e-mail　fars@ms6.hinet.net
　　華成創辦人　郭麗群
　　發 行 人　蕭聿雯
　　總 經 理　熊芸
　　法律顧問　蕭雄淋・陳淑貞

　　企劃主編　俞天鈞
　　執行編輯　張靜怡
　　美術設計　李燕青
　　印務主任　蔡佩欣

定　　價／以封底定價為準
出版印刷／2012年8月初版1刷

總 經 銷／知己圖書股份有限公司
　　　　　台中市工業區30路1號　　電話　04-23595819　　傳真　04-23597123

☺讀者回函卡

謝謝您購買此書，為了加強對讀者的服務，請詳細填寫本回函卡，寄回給我們（免貼郵票）或 E-mail至huacheng@farseeing.com.tw給予建議，您即可不定期收到本公司的出版訊息！

您所購買的書名/＿＿＿＿＿＿＿＿＿＿＿＿＿　購買書店名/＿＿＿＿＿＿＿＿＿＿＿

您的姓名/＿＿＿＿＿＿＿＿＿＿＿＿＿＿＿　聯絡電話/＿＿＿＿＿＿＿＿＿＿＿

您的性別/□男 □女　　　您的生日/西元＿＿＿＿＿年＿＿月＿＿日

您的通訊地址/□□□□□＿＿＿＿＿＿＿＿＿＿＿＿＿＿＿＿＿＿＿＿＿＿＿

您的電子郵件信箱/＿＿＿＿＿＿＿＿＿＿＿＿＿＿＿＿＿＿＿＿＿＿＿＿＿＿

您的職業/□學生　□軍公教　□金融　□服務　□資訊　□製造　□自由　□傳播
　　　　　□農漁牧　□家管　□退休　□其他

您的學歷/□國中（含以下）　□高中（職）　□大學（大專）　□研究所（含以上）

您從何處得知本書訊息/（可複選）

□書店　□網路　□報紙　□雜誌　□電視　□廣播　□他人推薦　□其他

您經常的購書習慣/（可複選）

□書店購買　□網路購書　□傳真訂購　□郵政劃撥　□其他＿＿＿＿＿＿＿＿＿＿

您覺得本書價格/□合理　□偏高　□便宜

您對本書的評價（請填代號/ 1. 非常滿意 2. 滿意 3. 尚可 4. 不滿意 5. 非常不滿意）

封面設計＿＿＿＿　版面編排＿＿＿＿　書名＿＿＿＿　內容＿＿＿＿　文筆＿＿＿＿

您對於讀完本書後感到/□收穫很大　□有點小收穫　□沒有收穫

您會推薦本書給別人嗎/□會　□不會　□不一定

您希望閱讀到什麼類型的書籍/＿＿＿＿＿＿＿＿＿＿＿＿＿＿＿＿＿＿＿＿＿＿

您對本書及我們的建議/

http://farreaching.com.tw

廣 告 回 信
台 北 郵 局 登 記 證
台北廣字第000526號

免 貼 郵 票

華杏出版機構

華成圖書出版股份有限公司　收

台北市10059新生南路一段50-1號4F　TEL/02-23921167

（沿線剪下）

（對折黏貼後，即可直接郵寄）

☺ 本公司為求提升品質特別設計這份「讀者回函卡」，懇請惠予意見，幫助我們更上一層樓。感謝您的支持與愛護！

http://farreaching.com.tw　請將 B6128 「讀者回函卡」寄回或傳真 (02) 2394-9913